अनिष्ट नवग्रह
-शान्ति के उपाय

भारतीय ज्योतिष एक पूर्ण विधि व्यवस्था

I0167961

लेखक

ज्योतिष भूषण
लक्ष्मी नारायण शर्मा

वी एण्ड एस पब्लिशर्स

प्रकाशक

वी एण्ड एस पब्लिशर्स

F-2/16, अंसारी रोड, दरियागंज, नई दिल्ली-110002

☎ 23240026, 23240027 • फैक्स: 011-23240028

E-mail: info@vspublishers.com • *Website:* www.vspublishers.com

क्षेत्रीय कार्यालय : हैदराबाद

5-1-707/1, ब्रिज भवन (सेन्ट्रल बैंक ऑफ इण्डिया लेन के पास)

बैंक स्ट्रीट, कोटी, हैदराबाद-500 095

☎ 040-24737290

E-mail: vspublishershyd@gmail.com

शाखा : मुम्बई

जयवंत इंडस्ट्रिअल इस्टेट, 2nd फ्लोर - 222,

तारदेव रोड अपोजिट सोबो सेन्ट्रल मॉल, मुम्बई - 400 034

☎ 022-23510736

E-mail: vspublishersmum@gmail.com

फ़ॉलो करें:

हमारी सभी पुस्तकें **www.vspublishers.com** पर उपलब्ध हैं

मुद्रक: रेप्रो नॉलेजकास्ट लिमीटेड, ठाणे

प्रकाशकीय

जन विकास सम्बन्धी पुस्तकों के प्रकाशक वी एण्ड एस पब्लिशर्स पुस्तक प्रकाशन की अगली कड़ी में अनिष्ट ग्रहों के निवारण तथा उसके ज्योतिषीय समाधान हेतु अपनी नवीनतम पुस्तक **'अनिष्ट नवग्रह - शान्ति के उपाय'** आपके समक्ष प्रस्तुत करते हैं। आज के आधुनिक युग में समस्त मानव जाति कई प्रकार की चिन्ताओं से ग्रस्त है। लेकिन ज्योतिष विद्या द्वारा इन सभी समस्याओं का समाधान आसानी से किया जा सकता हैं।

प्रस्तुत पुस्तक में मानव जीवन के कल्याण से जुड़े सभी प्रकार के समस्याओं के निवारण के लिए उचित सुझाव दिये गये हैं। इस पुस्तक में विशेष तौर पर मंत्र शक्ति, यंत्र बल, व्रत एवं उपवास, शुभ रत्न धारण करने की विधि, रुद्राक्ष फल अपने पास रखना एवं प्रसिद्ध लाल किताब पर आधारित साधारण टोटके का भी एक अध्याय अलग से दिया गया है। पुस्तक के चौथे अध्याय में जन्मकुण्डली के द्वादश भावों में नवग्रहों की अभीष्ट एवं अनिष्ट ग्रहों की स्थिति एवं प्रभावों के बारे में जानकारी दी गयी है। ज्योतिष एवं ग्रह नक्षत्र जैसे जटिल विषय के होते हुए भी इस पुस्तक की भाषा सरल व सहज रखी है।

यह पुस्तक धार्मिक कर्मकांडों में रुचि रखने वाले उन सभी महिला/पुरुषों को समर्पित है, जो इस पुस्तक में लिखी विधियों का अनुसरण कर अपने जीवन की कठिनाइयों का समाधान पाना चाहते हैं। हमें आशा है कि यह पुस्तक पाठकों की सभी समस्याओं का समाधान कर उनके जीवन की राह को आसान बनाने में सहायक सिद्ध होगी।

पाठकों से निवेदन है कि यदि पुस्तक में कही कोई त्रुटि रह गयी हो तो वे उसकी जानकारी हमें अवश्य दें।

धन्यवाद!

विषय-सूची

अध्याय 1

अनिष्ट नवग्रह शान्ति की अचूक उपाय शृंखला

(A Chain of Solutions for Malefics)

भारतीय ज्योतिष–एक पूर्ण विधि व्यवस्था

भारतीय ज्योतिष अपने आप में एक ऐसी पूर्ण विधि व्यवस्था है, जो न केवल जीवन में होने वाली निश्चित सामयिक घटनाओं की संभावना ही दर्शाती है, वरन् सकारात्मक घटनाओं को अपनाने और उनसे समुचित लाभ लेने तथा नकारात्मक घटनाओं से अपना मुख मोड़ने और उन्हें भूल जाने में भी व्यक्ति की सहायता करती है। ज्योतिष आस्था और विश्वास का विषय है। किसी भी निर्बल एवं पापपीड़ित अनिष्टकारी ग्रह को अपने पक्ष में करने के लिए भक्ति भाव से किये गये उपायों का परिणाम स्मरणीय, सन्तोषप्रद एवं सुखदायी होता है। व्यक्ति की ज्योतिष में पूर्ण आस्था और दृढ़ विश्वास ही उसे शारीरिक रूप से स्वस्थ एवं शक्तिशाली तथा मानसिक रूप से विवेकशील और मिष्ठभाषी बनाता है। वह अपने कष्टों का मुकाबला करते हुए जीवन में आदर्श स्थापित करता है और विख्यात होता है। उपायों में मन्त्र शक्ति, यन्त्र बल, व्रत/उपवास लाभ, साधारण वस्तुदान, हवन-अनुष्ठान-यज्ञ, रत्न रहस्य, रुद्राक्ष फल, जड़ी-बूटी स्नान व लाल किताब के उपाय अपनाना आदि प्रमुख हैं। एक साथ कोई तीन उपाय करें। मन्त्रों का जप करने, यन्त्रों को वॉलेट/पर्स/पॉकेट में रखने, सामयिक व्रत/उपवास करने, साधारण वस्तु दान करने, हवन/अनुष्ठान/यज्ञ करने/कराने, ग्रहों के शुभ रत्न पहनने, अपने पास रुद्राक्ष फल रखने, रोग/रोगोपचार हेतु जड़ी-बूटियों के जल से स्नान करने व लाल किताब आधारित उपाय अपनाने आदि से लाभ मिलता है।

1. मन्त्र शक्ति–सूर्यादि ग्रहों के विशिष्ट मन्त्र एवं विधि

निर्बल एवं पापपीड़ित अनिष्टकारी ग्रह के मन्त्र का जप करना पहला आसान उपाय है। मन्त्रों का जप करने से व्यक्ति की सुप्त एवं लुप्त भावनाएँ जाग्रत होती हैं। मन में स्थिरता आती है। उसके बल, पराक्रम और साहस में वृद्धि होती है। उसकी इच्छाएँ, लालसाएँ और सभी प्रकारकी भौतिक आवश्यकताएँ पूरी होती हैं। मन्त्र का जप भौतिक शास्त्र के नियम पर आधारित है। मन्त्र जप द्वारा ग्रह की पूजा करना या ग्रह का स्मरण करना एक सशक्त माध्यम है। ग्रह का मन्त्र जपने और

पूजा करने का अर्थ है कि व्यक्ति एक प्रकार से उक्त ग्रह को नमस्कार करता है। उसका प्रेमपूर्वक आवाहन करता है।इस प्रकार वह ग्रह को प्रसन्न करने की यथासम्भव चेष्टा करता है, ताकि उसका कल्याण हो सके। किसी भी निर्बल एवं पापपीड़ित अनिष्टकारी ग्रह को मन्त्र द्वारा जाग्रत कर प्रसन्न करने की पूजा कभी व्यर्थ नहीं जाती है। कभी-न-कभी उसका मीठा फल अवश्य मिलता है। मन्त्र का जप पंचमुखी रुद्राक्ष की माला से करना सर्वथा अच्छा रहता है। चन्दन या तुलसी की माला भी प्रयोग में लायी जा सकती है। इस कार्य में किसी प्रकार का धन व्यय नहीं होता है। केवल अपने मन को सन्तुलित एवं संयमित कर थोड़ा समय देना होता है। मन्त्र जप के दौरान व्यक्ति को अपने आचार, विचार और व्यवहार में पूरा-पूरा संयम बरतना अत्यावश्यक है। इससे मन्त्र जप के प्रभाव में कई गुणा वृद्धि होती है। जातक के शारीरिक, मानसिक, भौतिक एवं अध्यात्मिक विकास में संतुलन स्थापित हो जाता है। फलतः मन्त्र जप का अधिक लाभ मिल सकता है। नवग्रहों के प्रमुख मन्त्रों तथा अन्य विशिष्ट मन्त्रें का विवरण नीचे दिया जा रहा है। नवग्रहों की संक्षिप्त पूजन विधि का भी उल्लेख है। आस्था एवं विश्वास के साथ पूर्ण विधि-विधान से मन्त्र जप करने पर वातावरण में सकारात्मक उर्जा का निर्माण होता है। इस उर्जा से निर्बल/पापपीड़िती अनिष्टकारी ग्रह सशक्त होता है और उसके अनिष्ट का हरण होता है। जातक को समुचित लाभ मिलता है। संक्षिप्त पूजन विधि सहित शास्त्र सम्मत व चमत्कारी सूर्य,चन्द्रादि ग्रह सम्बन्धित मन्त्र निम्नलिखित हैं।

सूर्यदेव

संक्षिप्त सूर्य पूजा व तान्त्रिक मन्त्र (बीज मन्त्र) जप

अशुभ/अनिष्टकारी सूर्य की शान्ति के लिये 7000 तान्त्रिक मन्त्र जपने होते हैं। जप प्रारम्भ करने से पहले संक्षिप्त सूर्य पूजा करनी होती है। इस पूजा का तात्पर्य सूर्य ग्रह को प्रसन्न करने के लिये एक विशिष्ट विधि अपनाना होता है। इसमें भावों के साथ विविध उपचारों का समर्पण करना होता है और तब तान्त्रिक मन्त्र (बीज मन्त्र) का जप करना होता है। सर्वप्रथम गेहूं से भरे ताम्बे के बर्तन पर लाल कपड़ा बिछाकर सूर्यदेव की ताम्र धातु से बनी मूर्ति, अभाव में कागज पर बना सूर्यग्रह का चित्र स्थापित करें। सूर्यमूर्ति या सूर्यचित्र पर लाल चन्दन का टीका लगाये। जप से पूर्व व्यक्ति को अपनी शक्ति अनुसार मध्यवर्ती दशोपचार विधि अपनानी होती है अर्थात् नहा धोकर स्वच्छ कपड़े पहनकर देवस्थान की साफ-सफाई करना, पवित्रीकरण करना, आसन ग्रहण करना, अर्घ्य देना, धूप-दीप जलाना, गन्ध-पुष्प-नैवेद्य-फल प्रस्तुत करना आदि कार्य करने होते हैं। एक बार सूर्य गायत्री मन्त्र, सूर्य वैदिक मन्त्र और सूर्य पौराणिक मन्त्र का उच्चारण करना होता है। इतना करने के पश्चात जप प्रारम्भ करना चाहिए। इस विधि से जप करने पर जातक को शक्ति, बल, पौरुष, सुख व शान्ति मिलती है। सूर्य ग्रह के सभी मन्त्र व जप संख्या निम्नलिखित हैं।

सूर्य ग्रह के प्रमुख मन्त्र-जप संख्या 7000

1. **सूर्य गायत्री मन्त्र**

   ॐ आदित्याय विद्महे दिवाकराय धीमहि तन्नः सूर्य प्रचोदयात्।

2. **सूर्य वैदिक मन्त्र**

   ॐ आकृष्णेन रजसा वर्तमानो निवेशयन्नमृतं मर्त्यंज।
   हिरण्ययेन सविता रथेना देवो याति भुवनानि पश्यन्।।

3. **सूर्य पौराणिक मन्त्र**

   ॐ जपाकुसुम संकाशं काश्यपेयं महाद्युतिम्।
   तमोऽरि सर्वपापघ्नं प्रणतोऽस्मि दिवाकरम्।।

4. **सूर्य तान्त्रिक मन्त्र**

   ॐ ह्रां ह्रीं ह्रौं सः सूर्याय नमः।

5. **सूर्य नाम मन्त्र**

   ॐ घृणि सूर्याय नमः।

6. **सूर्य जैन मन्त्र**

   ॐ ह्रीं क्लीं श्रीं श्रीं सूर्यग्रह अरिष्टनिवारक श्री पद्मप्रभ जिनेन्द्राय नमः शान्ति कुरु कुरु स्वाहा।

नोट : बीज मन्त्र के अतिरिक्त **श्री आदित्यहृदय स्तोत्र, सूर्य कवच, सूर्य चालीसा, हरिवंशपुराण** का पाठ करने से भी लाभ होता है।

।। अथ श्री आदित्यहृदयस्तोत्रम् ।।

ततो युद्धपरिश्रान्तम् समरे चिन्तया स्थितम। रावणम् चाग्रतो दृष्ट्वा युद्धाय समुपस्थितम।।
दैवतैश्च समागम्य दृष्टुमभ्यागतो रणम। उपागम्या ब्रवीद्राम-मगस्तयो भगवान् ऋषिः।।
राम राम महाबाहो शृणु गुह्मम सनातनम। येन सर्वानरीन वत्स समरे विजयिष्यसि।।
आदित्यहृदयम् पुण्यम सर्वशत्रु-विनाशनम। जयावहम् जपेन्नित्य-मक्षय्यम परमम् शिवम्।।
सर्वमंगल-माँगलयम सर्वपाप प्रणाशनम्। चिंताशोक-प्रशमन-मायुरवर्धान-मुत्तमम्।।
रश्मिमन्तम समुद्यन्तम देवासुर-नमस्कृतम्। पूजयस्व विवस्वन्तम भास्करम् भुवनेश्वरम्।।
सर्वदेवात्मको ह्येष तेजस्वी रश्मि-भावनः। एष देवासुरगणान् लोकान पाति गभस्तिभिः।।
एष ब्रह्मा च विष्णुश्च शिवः स्कन्दः प्रजापतिः। महेन्द्रो धनदः कालो यमः सोमो ह्यपामपतिः।।
पितरो वसवः साध्या ह्यश्विनौ मरुतो मनुः। वायुर्वहनीः प्रजाप्राण ऋतु कर्ता प्रभाकरः।।
आदित्यः सविता सूर्यः खगः पूषा गभस्तिमान। सुवर्णसदृशो भानुर-हिरण्यरेता दिवाकरः।।
हरिदश्वः सहस्रार्चिः सप्तसप्ति-मरीचिमान। तिमिरोन्मन्थनः शम्भुस्त्वष्टा मार्ताण्ड अंशुमान।।
हिरण्यगर्भः शिशिरस्तपनो भास्करो रविः। अग्निगर्भो दितेः पुत्रः शंखः शिशिरनाशानः।।
व्योम नाथस्तमोभेदी ऋग्य जुस्सामपारगः। धनवृष्टिरपाम मित्रो विंध्यवीथिप्लवंगमः।।
आतपी मंडली मृत्युः पिंगलः सर्वतापनः। कविर्विश्वो महातेजाः रक्तः सर्वभवोद्भवः।।

नक्षत्रग्रहताराणा-मधिपो विश्वभावनः। तेजसामपि तेजस्वी द्वादशात्मन्नमोस्तुते।।
नमः पूर्वाय गिरये पश्चिमायाद्रए नमः। ज्योतिर्गणानां पतये दिनाधिपतये नमः।।
जयाय जयभद्राय हर्यश्वाए नमो नमः। नमो नमः सहस्रांशो आदित्याय नमो नमः।।
नम उग्राय वीराय सारंगाय नमो नमः। नमः पद्मप्रबोधाय मार्तण्डाय नमो नमः।।
ब्रह्मेशानाच्युतेषाय सूर्यायादित्यवर्चसे। भास्वते सर्वभक्षाय रौद्राय वपुषे नमः।।
तमोघ्नाय हिमघ्नाय शत्रुघ्नायामितात्मने। कृतघ्नघ्नाय देवाय ज्योतिषाम् पतये नमः।।
तप्तचामिकराभाय वह्नये विश्वकर्मणे। नमस्तमो भिनिघ्नाये रुचये लोकसाक्षिणे।।
नाशयत्येष वै भूतम तदेव सृजति प्रभुः। पायत्येष तपत्येष वर्षत्येष गभस्तिभिः।।
एष सुप्तेषु जागर्ति भूतेषु परिनिष्ठितः। एष एवाग्निहोत्रम् च फलं चौवाग्निहोत्रिणाम।।
वेदाश्च क्रतवश्चौव क्रतुनाम फलमेव च। यानि कृत्यानि लोकेषु सर्व एष रविः प्रभुः।।
एन मापत्सु कृच्छेषु कान्तारेषु भयेषु च। कीर्तयन पुरुषः कश्चिन्नावसीदति राघव।।
पूज्यस्वैन-मेकाग्रे देवदेवम जगत्पतिम। एतत त्रिगुणितम् जप्त्वा युद्धेषु विजयिष्यसि।।
अस्मिन क्षणे महाबाहो रावणम् तवं वधिाष्यसि। एवमुक्त्वा तदागस्त्यो जगाम च यथागतम्।।
एतच्छुत्वा महातेजा नष्टशोकोभवत्तदा। धारयामास सुप्रितो राघवः प्रयतात्मवान।।
आदित्यं प्रेक्ष्य जप्त्वा तु परम हर्षमवाप्तवान्। त्रिराचम्य शुचिर्भूत्वा धनुरादाय वीर्यवान।।
रावणम प्रेक्ष्य हृष्टात्मा युद्धाय समुपागमत। सर्वयत्नेन महता वधे तस्य धृतोभवत्।।
अथ रवि-रवद-न्निरिक्ष्य रामम मुदितमनाः परमम् प्रहृष्यमाणः।
निशिचरपति-संक्षयम् विदित्वा सुरगण-मध्यगतो वचस्त्वरेति।।

॥ इति श्री आदित्यहृदय स्तोत्रम्॥

संक्षिप्त चन्द्र पूजा व तान्त्रिक मन्त्र (बीज मन्त्र) जप

अशुभ/अनिष्टकारी चन्द्र की शान्ति के लिये 11000 तान्त्रिक मन्त्र जपने होते हैं। जप प्रारम्भ करने से पहले संक्षिप्त चन्द्र पूजा करनी होती है। इस पूजा का तात्पर्य चन्द्र ग्रह को प्रसन्न करने के लिये एक विशिष्ट विधि अपनाना है। इसमें भावों के साथ विविध उपचारों का समर्पण करना होता है और तान्त्रिक मन्त्र (बीज मन्त्र) का जप करना होता है। सर्वप्रथम तिल से भरे चाँदी के बर्तन पर श्वेत कपड़ा बिछाकर चन्द्रदेव की श्वेत धातु से बनी मूर्ति, अभाव में कागज पर बना चन्द्रग्रह चित्र स्थापित करें। चन्द्रमूर्ति या चन्दचित्र पर श्वेत चन्दन का टीका लगाये। जप से पूर्व व्यक्ति को अपनी शक्ति अनुसार मध्यवर्ती दशोपचार विधि अपनानी चाहिए। नहा धोकर श्वेत कपड़े पहनकर देवस्थान की साफ-सफाई करना, आसन ग्रहण करना, अर्घ्य देना, धूप-दीप जलाना, गन्ध-पुष्प-नैवेद्य-फल प्रस्तुत करना आदि कार्य करने होते हैं। संकल्प लेना होता है। एक बार चन्द्र गायत्री मन्त्र, चन्द्र वैदिक मन्त्र और चन्द्र पौराणिक मन्त्र का उच्चारण करना होता है। इतना करने के पश्चात जप

प्रारम्भ करना चाहिए। इस विधि से जप करने पर मानसिक शान्ति, ऊर्जा एवं सुख मिलता है। चन्द्र ग्रह के सभी मन्त्र व जपसंख्या निम्नलिखित हैं।

चन्द्र ग्रह के प्रमुख मन्त्र-जप संख्या 11000

1. **चन्द्र गायत्री मन्त्र**
   ॐ अत्रिपुत्राय विद्महे सागरोद्भवाय धीमहि तन्नश्चन्द्रः प्रचोदयात्।
2. **चन्द्र वैदिक मन्त्र**
   ॐ इमं देवाअसपत्न सुहवधवं ꣳ महते क्षत्राय महते ज्यैष्ठ्याय महतेजानराज्येन्द्रस्येन्द्रिाय। इमममुष्य। पुत्रममुष्यै पुत्रमुष्यै विश एष वोऽमी राजा सोमोऽस्माकम्ब्रह्मणानां ꣳ राजा।।
3. **चन्द्र पौराणिक मन्त्र**
   ॐ दधिशंखतुषाराभं क्षीरोदार्णवसंभवम्।
   नमामि शशिनं सोमं शंभोर्मुकट भूषणम्।
4. **चन्द्र तान्त्रिक मन्त्र**
   ॐ श्रां श्रीं श्रौं सः चन्द्रमसे नमः।
5. **चन्द्र नाम मन्त्र**
   ॐ सों सोमाय नमः।
6. **चन्द्र जैन मन्त्र**
   ॐ ह्रीं कौं श्रीं क्लीं चन्द्रारिष्टनिवारक श्री चन्द्रप्रभजिनेन्द्राय नमः शान्तिं कुरू कुरू स्वाहा।

नोट : बीज मन्त्र के अतिरिक्त **चन्द्र स्तोत्र, चन्द्र कवच, शिव स्तोत्र, अमोघ शिव कवच** का पाठ करने से भी लाभ होता है।

मंगलदेव

संक्षिप्त मंगल पूजा व तान्त्रिक मन्त्र (बीज मन्त्र) जप

अशुभ/अनिष्टकारी पापग्रह मंगल की शान्ति के लिये 10000 तान्त्रिक मन्त्र जपने होते हैं। जप प्रारम्भ करने से पहले संक्षिप्त मंगल पूजा करनी होती है। इस पूजा का तात्पर्य मंगल ग्रह को प्रसन्न करने के लिये एक विशिष्ट विधि अपनाना है। इसमें भावों के साथ विविध उपचारों का समर्पण करना होता है और तान्त्रिक मन्त्र (बीज मन्त्र) का जप करना होता है। सर्वप्रथम चावल से भरे ताम्रपात्र पर लाल कपड़ा बिछाकर मंगलदेव की ताम्र धातु से बनी मूर्ति, अभाव में कागज पर बना मंगलग्रह चित्र स्थापित करें। मंगलमूर्ति या मंगलचित्र पर रोली या लाल चन्दन का टीका लगाये। जप से पूर्व व्यक्ति को अपनी शक्ति अनुसार मध्यवर्ती दशोपचार विधि अपनानी चाहिए। नहा धोकर लाल वस्त्र पहनकर देवस्थान की साफ-सफाई करना, आसन ग्रहण करना, अर्घ्य देना, धूप-दीप जलाना, गन्ध-पुष्प-नैवेद्य-फल प्रस्तुत करना आदि कार्य करने होते हैं। संकल्प लेना होता है। एक बार मंगल गायत्री मन्त्र,

मंगल वैदिक मन्त्र और मंगल पौराणिक मन्त्र का उच्चारण करना होता है। इतना करने के पश्चात जप प्रारम्भ करना चाहिए। इस विधि से जप करने पर शारीरिक बल, धनादि वृद्धि, जमीन-जायदाद का लाभ व पुत्र सुख मिलता है। मंगल ग्रह के सभी मन्त्र व जप संख्या निम्नलिखित हैं।

मंगल ग्रह के प्रमुख मन्त्र-जप संख्या 10000

1. **मंगल गायत्री मन्त्र**

   ॐ क्षितिपुत्राय विद्महे लोहितांगाय धीमहि तन्नो भौमः प्रचोदयात्।

2. **मंगल वैदिक मन्त्र**

   ॐ अग्निर्मूर्द्धादिवः ककुत्पतिः पृथिव्याअयम्।
   अपा ७ँ रेता ७ँसिजिन्वति।।

3. **मंगल पौराणिक मन्त्र**

   ॐ ह्रीं धरणीगर्भ संभूतं विद्युतकान्तिसमप्रभम् ।
   कुमारं शक्तिहस्तं तं मंगलं प्रणमाम्यहम्।।

4. **मंगल तान्त्रिक मन्त्र**

   ॐ क्रां क्रीं क्रौं सः भौमाय नमः।

5. **मंगल नाम मन्त्र**

   ॐ अं अंगारकाय नमः।

6. **मंगल जैन मन्त्र**

   ॐ आं क्रौं ह्रीं श्रीं क्लीं । भौमारिष्टनिवारक श्री वासुपूज्यजिनेन्द्राय नमः शान्ति कुरू कुरू स्वाहा।

नोट : बीज मन्त्र के अतिरिक्त **श्री ऋणमोचन मंगल स्तोत्र, हनुमान कवच, हनुमान बाहुक, हनुमान चालीसा** का पाठ करने से लाभ होता है।

।। अथ श्री ऋणमोचन मंगल स्तोत्रम् ।।

ॐ मङ्गलो भूमिपुत्रश्च ऋणहर्ता धनप्रदः। स्थिरात्मजो महाकायः सर्वकामार्थ साधकः।।
लोहितो लोहिताङ्गश्च सामगानां कृपाकरः। धरात्मजः कुजो भौमो भूमिदो भूमिनन्दनः।।
अङ्गारको यमश्चैव सर्वरोगाः अपहारकः। वृष्टिकर्ता अपहर्ता च सर्वकाम फलप्रदः।।
एतानि कुजनामानि प्रात्रुत्थाय यः पठेत्। ऋणं न जायते तस्य धनं प्राप्नोति असंशयः।।
अङ्गारकोऽति बलवानपि यो ग्रहाणां। स्वेदोद्भवः त्रिनयनस्य पिनाकपाणेः।।
आरक्त चन्दन सुशीतलवारिणायः। अभ्यर्चिऽथ विपुलां प्रददाति सिद्धिम्।।
धरणीगर्भ सम्भूतं विद्युत्कान्ति समप्रभम्। कुमारं शक्तिहस्तं तं मङ्गलं प्रणमाम्यहम्।।
ऋणहर्त्रे नमस्तुभ्यं दुःखदरिद्रनाशिने। नभसि द्योतमानाय सर्वकल्याणकारिणे।।
देव-दानव गंधर्व यक्ष - राक्षस - पन्नगाः। सुखं यान्ति यतस्तस्मै क्षमासूनवे नमः।।

प्रसादं कुरु मे नाथ! मङ्गलप्रद मङ्गल!। मेषवाहन रुद्रात्मन्! सुखं देहि धनं यशः।।
स्तोत्रमङ्गारक स्येतत्पठनीयं सदा नृभिः। न तेषां भौमजा स्वलपाऽपि भवति कंचित्।।
अङ्गारक महा भाग भगवन्भक्त वत्सलं। त्वां नमामि ममाशेषं ऋणमाषु विनाशय।।
ऋणरोगादि दारिद्रयं ये चान्ये ह्यल्पमृत्यु। भयक्लेश मनस्तापा नश्यन्तु मम सर्वदा।
अति वक्रदुराध्य भोगमुक्त जितात्मनः। दुष्टो ददासि साम्राज्यं रुष्टो हरसि तत्क्षणात्।।
विरिंच शक्र विष्णुनां मनुष्याणां तु स्त्रिस्तथा। तेन सर्व सहजेन ग्रहराजो महाबलः।।
पुत्रान् देहि धनं देहि त्वमामि शरणं गतः। ऋणदारिद्रय दुःखश्च शत्रुणां तु व्यपोहतो।

॥ इति श्री ऋणमोचन मंगल स्तोत्रम्॥

बुधदेव

संक्षिप्त बुध पूजा व तान्त्रिक मन्त्र (बीज मन्त्र) जप

अशुभ/अनिष्टकारी बुध की शान्ति के लिये 8000 तान्त्रिक मन्त्र जपने होते हैं। जप प्रारम्भ करने से पहले संक्षिप्त बुध पूजा करनी होती है। इस पूजा का तात्पर्य बुध ग्रह को प्रसन्न करने के लिये एक विशिष्ट विधि अपनाना है। इसमें भावों के साथ विविध उपचारों का समर्पण करना होता है और तान्त्रिक मन्त्र (बीज मन्त्र) का जप करना होता है। सर्वप्रथम चावल से भरे ताम्र पात्र पर हरा कपड़ा बिछाकर बुधदेव की कांसे की धातु से बनी मूर्ति, अभाव में कागज पर बना बुधग्रह चित्र स्थापित करें। बुधमूर्ति या बुधचित्र पर रोली या चन्दन का टीका लगाये। जप से पूर्व व्यक्ति को अपनी शक्ति अनुसार मध्यवर्ती दशोपचार विधि अपनानी चाहिए। नहा धोकर हरे वस्त्र पहनकर देवस्थान की साफ-सफाई करना, आसन ग्रहण करना, अर्घ्य देना, धूप-दीप जलाना, गन्ध-पुष्प-नैवेद्य-फल प्रस्तुत करना आदि कार्य करने होते हैं। संकल्प लेना होता है। एक बार बुध गायत्री मन्त्र, बुध वैदिक मन्त्र और बुध पौराणिक मन्त्र का उच्चारण करना होता है। इतना करने के पश्चात बीज मन्त्र का जप प्रारम्भ करना चाहिए। इस विधि से जप करने पर व्यक्ति की वाणी, विद्या, बुद्धि व स्मरण शक्ति में वृद्धि होती है। बुध ग्रह के सभी मन्त्र व जप संख्या निम्नलिखित हैं।

बुध ग्रह के प्रमुख मन्त्र-जप संख्या 8000

1. **बुध गायत्री मन्त्र**

   ॐ चन्द्रपुत्राय विद्महे रोहिणीप्रियाय धीमहि तन्नो बुधः प्रचोदयात्।

2. **बुध वैदिक मन्त्र**

   ॐ उद्बुध्यस्वाग्ने प्रतिजाग्रहि त्वमिष्टापूर्तेस ꣳ सृजेथामयंच।
   अस्मिन्त्सधस्थे ऽध्युत्तर स्मिन्विश्वेदेवा यजमानश्च सीदत।।

3. **बुध पौराणिक मन्त्र**

   ॐ प्रियंगु कलिकाश्यामं रुपेणाप्रतिमं बुधम्।
   सौम्यं सौम्यगुणोयेतं तं बुधं प्रणमाम्यहम्।।

4. **बुध तान्त्रिक मन्त्र**
   ॐ ब्रां ब्रीं ब्रौं सः बुधाय नमः।
5. **बुध नाम मन्त्र**
   ॐ बुं बुधाय नमः।
6. **बुध जैन मन्त्र**
   ॐ ह्रीं कौं आं श्रीं बुधग्रहारिष्टनिवारक श्रीविमल अनंतधर्मशान्ति कुन्थअरहनमिवर्धमान अष्टजिनेन्द्रेभ्यो नमः शाति कुरूत कुरूत स्वाहा।

नोट : बीज मन्त्र के अतिरिक्त **बुध शान्ति स्तोत्र, सरस्वती स्तोत्र, सरस्वती चालीसा, विष्णुसहस्त्रनाम** का पाठ करने भी लाभ होता हैं।

गुरुदेव

संक्षिप्त गुरु पूजा व तान्त्रिक मन्त्र (बीज मन्त्र) जप

अशुभ/अनिष्टकारी गुरु की शान्ति के लिये 19000 तान्त्रिक मन्त्र जपने होते हैं। जप प्रारम्भ करने से पहले संक्षिप्त गुरु पूजा करनी होती है। इस पूजा का तात्पर्य गुरु ग्रह को प्रसन्न करने के लिये एक विशिष्ट विधि अपनाना है। इसमें भावों के साथ विविध उपचारों का समर्पण करना होता है और तान्त्रिक मन्त्र (बीज मन्त्र) का जप करना होता है। सर्वप्रथम हल्दीयुक्त चावलों से पीतल के बर्तन पर पीला कपड़ा बिछाकर गुरुदेव की पीतल धातु से बनी मूर्ति, अभाव में कागज पर बना गुरुग्रह चित्र स्थापित करें। गुरुमूर्ति या गुरुचित्र पर हल्दी या पीले चन्दन का टीका लगाये। जप से पूर्व व्यक्ति कोअपनी शक्ति अनुसार मध्यवर्ती दशोपचार विधि अपनानी चाहिए। नहा धोकर पीत वस्त्र पहनकर देवस्थान की साफ-सफाई करना, आसन ग्रहण करना, अर्घ्य देना, धूप-दीप जलाना, गन्ध-पुष्प-नैवेद्य-फल प्रस्तुत करना आदि कार्य करने होते हैं। संकल्प लेना होता है। एक बार गुरु गायत्री मन्त्र, गुरु वैदिक मन्त्र और गुरु पौराणिक मन्त्र का उच्चारण करना होता है। इतना करने के पश्चात् बीज मन्त्र का जप प्रारम्भ करना चाहिए। इस विधि से जप करने पर जातक ज्ञानवान और विद्वान होता है। सुयश और मान-सम्मान प्राप्त करता है। गुरु ग्रह के सभी मन्त्र व जप संख्या निम्नलिखित हैं।

गुरु ग्रह के प्रमुख मन्त्र-जप संख्या 19000

1. **गुरु गायत्री मन्त्र**
   ॐ अंगिरोजाताय विद्महे वाचस्पतये धीमहि तन्नो गुरुः प्रचोदयात्।
2. **गुरु वैदिक मन्त्र**
   ॐ बृहस्पतेऽअतियदर्योऽअर्हाद्युमाद्विभातिक्रतुमज्जनेषु।
   यददीदयच्छ्वसऽऋत-प्रजात तदस्मासु द्रविणन्धेहि चित्रम्।।
3. **गुरु पौराणिक मन्त्र**
   ॐ देवानां च ऋषिणां च गुरुं कांचनसन्निभम्।
   बुद्धि भूतं त्रिलोकेशं तं नमामि बृहस्पतिम्।।

4. **गुरु तान्त्रिक मन्त्र**
   ॐ ग्रां ग्रीं ग्रौं सः गुरुवे नमः।
5. **गुरु नाम मन्त्र**
   ॐ बृं बृहस्पतये नमः।
6. **गुरु जैन मन्त्र**
   ॐ औं क्रौं ह्रीं श्रीं क्लीं एं गुरुअरिष्टनिवारकऋषभअजितसंभव अभिनन्दन सुमतिसुपारसशीतल श्रेयाँश अष्टजिनेन्द्रेभ्यो नमः शान्ति कुरूत कुरूत स्वाहा।

नोट : बीज मन्त्र के अतिरिक्त **शिव महापुराण, भागवत पुराण, विष्णु पुराण, रामायण, गीता** का पाठ कर लाभ प्राप्त कर सकते हैं।

शुक्रदेव

संक्षिप्त शुक्र पूजा व तान्त्रिक मन्त्र (बीज मन्त्र) जप

अशुभ/अनिष्टकारी शुक्र की शान्ति के लिये 11000 तान्त्रिक मन्त्र जपने होते हैं। जप प्रारम्भ करने से पहले संक्षिप्त शुक्र पूजा करनी होती है। इस पूजा का तात्पर्य शुक्र ग्रह को प्रसन्न करने के लिये एक विशिष्ट विधि अपनाना है। इसमें भावों के साथ विविध उपचारों का समर्पण करना होता है और तान्त्रिक मन्त्र (बीज मन्त्र) का जप करना होता है। सर्वप्रथम चावल से भरे चाँदी के बर्तन पर श्वेत कपड़ा बिछाकर शुक्रदेव की चाँदी धातु से बनी मूर्ति, अभाव में कागज पर बना शुक्रग्रह चित्र स्थापित करें। शुक्रमूर्ति या शुक्रचित्र पर श्वेत चन्दन का टीका लगाये। जप से पूर्व व्यक्ति को अपनी शक्ति अनुसार मध्यवर्ती दशोपचार विधि अपनानी चाहिए। नहा धोकर श्वेत वस्त्र पहनकर देवस्थान की साफ-सफाई करना, आसन ग्रहण करना, अर्घ्य देना, धूप-दीप जलाना, गन्ध-पुष्प-नैवेद्य-फल प्रस्तुत करना आदि कार्य करने होते हैं। संकल्प लेना होता है। एक बार शुक्र गायत्री मन्त्र, शुक्र वैदिक मन्त्र और शुक्र पौराणिक मन्त्र का उच्चारण करना होता है। इतना करने के पश्चात बीज मन्त्र का जप प्रारम्भ करना चाहिए। इस विधि से जप करने पर जातक मिष्ठभाषी व व्यवहारकुशल कलाकार होता है। उसके बहुत मित्र होते हैं। शुक्र ग्रह के सभी मन्त्र व जप संख्या निम्नलिखित हैं।

शुक्र ग्रह के प्रमुख मन्त्र-जप संख्या 11000

1. **शुक्र गायत्री मन्त्र**
   ॐ भृगुपुत्राय विद्महे श्वेतवाहनाय धीमहि तन्नः शुक्रः प्रचोदयात्।
2. **शुक्र वैदिक मन्त्र**
   ॐ अन्नात्परिस्रुतोरसं ब्रह्मणाव्यपत्क्षत्रं पयः सोमं प्रजापतिः।
   ऋतेनसत्यमिन्द्रियं विपान ꣳ शुक्रमन्धस इन्द्रस्येन्द्रियमिदम्पयोऽमृतम्मधुः।
3. **शुक्र पौराणिक मन्त्र**
   ॐ हिमकुन्द मृणालाभं दैत्यानां परमं गुरुम्।
   सर्व शास्त्र प्रवक्तारं भार्गवं प्रणमाम्यहम्।।

4. **शुक्र तान्त्रिक मन्त्र**
   ॐ द्रां द्रीं द्रौं सः शुक्राय नमः।
5. **शुक्र नाम मन्त्र**
   ॐ शुं शुक्राय नमः।
6. **शुक्र जैन मन्त्र**
   ॐ ह्रीं श्रीं क्लीं ह्रीं शुक्रअरिष्टनिवारक श्रीपुष्पदन्तजिनेन्द्राय नमः शान्तिं कुरु कुरु स्वाहा।

नोट : बीज मन्त्र के अतिरिक्त **दुर्गासप्तशती, दुर्गा चालीसा, महालक्ष्मीअष्टक, लक्ष्मी चालीसा** का पाठ करने से लाभ होता है।

शनिदेव

संक्षिप्त शनि पूजा व तान्त्रिक मन्त्र (बीज मन्त्र) जप

अशुभ/अनिष्टकारी शनि की शान्ति के लिये 23000 तान्त्रिक मन्त्र जपने होते हैं। जप प्रारम्भ करने से पहले संक्षिप्त शनि पूजा करनी होती है। इस पूजा का तात्पर्य शनि ग्रह को प्रसन्न करने के लिये एक विशिष्ट विधि अपनाना है। इसमें भावों के साथ विविध उपचारों का समर्पण करना होता है और तान्त्रिक मन्त्र (बीज मन्त्र) का जप करना होता है। सर्वप्रथम काले तिल से भरे स्टील के बर्तन पर काला कपड़ा बिछाकर शनिदेव की लोहे से बनी मूर्ति, अभाव में कागज पर बना शनिग्रह चित्र स्थापित करें। शनिमूर्ति या शनिचित्र पर काला टीका लगाये। जप से पूर्व व्यक्ति को अपनी शक्ति अनुसार मध्यवर्ती दशोपचार विधि अपनानी चाहिए। नहा धोकर श्वेत वस्त्र पहनकर देवस्थान की साफ-सफाई करना, आसन ग्रहणकरना, अर्घ्य देना, धूप-दीप जलाना, गन्ध-पुष्प-नैवेद्य-फल प्रस्तुत करना आदि कार्य करने होते हैं। संकल्प लेना होता है। एक बार शनि गायत्री मन्त्र, शनि वैदिक मन्त्र और शनि पौराणिक मन्त्र का उच्चारण करना होता है। इतना करने के पश्चात बीज मन्त्र का जप प्रारम्भ करना चाहिए। इस विधि से जप करने पर अनिष्ट की हानि होती है और जातक को यथेष्ठ सफलता मिलती है। धनलाभ होता है। उसके बहुत से मित्र बन जाते हैं। शनि ग्रह के सभी मन्त्र व जप संख्यानिम्नलिखित हैं।

शनि ग्रह के प्रमुख मन्त्र-जप संख्या 23000

1. **शनि गायत्री मन्त्र**
   ॐ कृष्णांगाय विद्महे रविपुत्राय धीमहि तन्नः सौरिः प्रचोदयात्।
2. **शनि वैदिक मन्त्र**
   ॐ शन्नो देवीरभिष्टय आपो भवन्तु पीतये।
   शंयोरभिस्रवन्तु नः।।
3. **शनि पौराणिक मन्त्र**
   ॐ नीलांजन समाभासं रविपुत्र यमाग्रजम्।
   छाया मार्तण्ड संभूतं तं नमामि शनैश्चरम्।।

4. शनि तान्त्रिक मन्त्र

ॐ प्रां प्रीं प्रौं सः शनये नमः।

5. शनि नाम मन्त्र

ॐ शं शनैश्चराय नमः।

6. शनि जैन मन्त्र

ॐ ह्रीं क्रौं ह्रीः श्रीं शनिग्रहअरिष्टनिवारक श्रीमुनिसुव्रतनाथजिनेन्द्राय नमः शान्तिं कुरु कुरु स्वाहा।

नोट : बीज मन्त्र के अतिरिक्त **दशरथ कृत शनि स्तोत्र, शनि चालीसा, सुन्दरकाण्ड़ पाठ, हनुमान चालीसा** का पाठ करने से लाभ होता है।

॥ अथ श्री दशरथकृत शनि स्तोत्रम् ॥

नमःकृष्णाय नीलाय शितिकण् निभाय च। नमः कालाग्निरूपाय कृतान्ताय च वै नमः।।
नमो निर्मांस देहाय दीर्घश्मश्रुजटाय च। नमो विशालनेत्रय शुष्कोदर भयाकृते।।
नमः पुष्कलगात्रय स्थूलरोम्णेऽथ वै नमः। नमो दीर्घायशुष्काय कालदष्ट्र नमोऽस्तुते च।।
नमस्ते कोटराक्षाय दुखर्नरीक्ष्याय वै नमः। नमो घोराय रौद्राय भीषणाय कपालिने।।
नमस्ते सर्वभक्षाय वलीमुखायनमोऽस्तुते। नमो मन्दगते तुभ्यं निरिस्त्रणाय नमोऽस्तुते।।
तपसा दग्धदेहाय नित्यं योगरताय च। नमो नित्यं क्षुधार्ताय अतृप्ताय च वै नमः।।
ज्ञानचक्षुर्नमस्तेऽस्तु कश्यपात्मज सूनवे। तुष्टो ददासि वै राज्यं रुष्टो हरसि तत्क्षणात्।।
देवासुरमनुष्याश्च सि विद्याधरोरगाः। त्वया विलोकिताः सर्वे नाशंयान्ति समूलतः।।
प्रसाद कुरु मे देव वाराहोऽहमुपागत। एवं स्तुतस्तदा सौरिर्ग्रहराजो महाबलः।।

॥ इति श्री दशरथकृत शनि स्तोत्रम् ॥

राहुदेव

संक्षिप्त राहु पूजा व तान्त्रिक मन्त्र (बीज मन्त्र) जप

अशुभ/अनिष्टकारी राहु की शान्ति के लिये 18000 तान्त्रिक मन्त्र जपने होते हैं। जप प्रारम्भ करने से पहले संक्षिप्त राहु पूजा करनी होती है। इस पूजा का तात्पर्य राहु ग्रह को प्रसन्न करने के लिये एक विशिष्ट विधि अपनाना है। इसमें भावों के साथ विविध उपचारों का समर्पण करना होता है और तान्त्रिक मन्त्र (बीज मन्त्र) का जप करना होता है। सर्वप्रथम काले तिल से भरे ताम्बे के बर्तन पर काला कपड़ा बिछाकर राहुदेव की सीसा धातु से बनी मूर्ति, अभाव में कागज पर बना राहुग्रह चित्र स्थापित करें। राहुमूर्ति या राहुचित्र पर काला टीका लगाये। जप से पूर्व व्यक्ति को अपनी शक्ति अनुसार मध्यवर्ती दशोपचार विधि अपनानी चाहिए। नहा धोकर काले वस्त्र पहनकर देवस्थान की साफ-सफाई करना, आसन ग्रहण करना, अर्घ्य देना, धूप-दीप जलाना, गन्ध-पुष्प-नैवेद्य-फल प्रस्तुत करना आदि कार्य करने होते हैं। संकल्प लेना होता है। एक बार राहु गायत्री मन्त्र, राहु वैदिक मन्त्र और राहु पौराणिक मन्त्र का उच्चारण करना होता है। इतना करने के पश्चात बीज मन्त्र का जप प्रारम्भ करना चाहिए। इस विधि से जप करने पर अनिष्ट की हानि होती है

और जातक को यथेष्ठ धनलाभ मिलता है। उसके बहुत से मित्र बन जाते हैं। राहु ग्रह के सभी मन्त्र व जप संख्या निम्नलिखित हैं।

राहु ग्रह के प्रमुख मन्त्र-जप संख्या 18000

1. **राहु गायत्री मन्त्र**

   ॐ नीलवर्णाय विद्महे सैंहिकेयाय धीमहि तन्नो राहुः प्रचोदयात्।

2. **राहु वैदिक मन्त्र**

   ॐ कयानश्चित्र आभुवदूति सदा वृधः सखा।
   कयाशचिस्ष्ठयाव्वृता।।

3. **राहु पौराणिक मन्त्र**

   ॐ ह्रीं अर्धकायं महावीर्य चन्द्रादित्य विमर्दनम्।
   सिंहिका गर्भ संभूतं तं राहुं प्रणमाम्यहम्।।

4. **राहु तान्त्रिक मन्त्र**

   ॐ भ्रां भ्रीं भ्रौं सः राहवे नमः।

5. **राहु नाम मन्त्र**

   ॐ रां राहवे नमः।

6. **राहु जैन मन्त्र**

   ॐ ह्रीं कलीं ह्वं राहुग्रहारिष्टनिवारक-श्रीनेमिनाथजिनेन्द्राय नमः शान्तिं कुरु कुरु स्वाहा।

नोट : बीज मन्त्र के अतिरिक्त राहु **पंचविंशतिनाम स्तोत्र, शिव स्तोत्र, शिव चालीसा** का पाठ करने से लाभ होता है।

केतुदेव

संक्षिप्त केतु पूजा व तान्त्रिक मन्त्र (बीज मन्त्र) जप

अशुभ/अनिष्टकारी केतु की शान्ति के लिये 17000 तान्त्रिक मन्त्र जपने होते हैं। जप प्रारम्भ करने से पहले संक्षिप्त केतु पूजा करनी होती है। इस पूजाका तात्पर्य केतु ग्रह को प्रसन्न करने के लिये एक विशिष्ट विधि अपनाना है। इसमें भावों के साथ विविध उपचारों का समर्पण करना होता है और तान्त्रिक मन्त्र (बीज मन्त्र) का जप करना होता है। सर्वप्रथम काले तिल से भरे ताम्बे के बर्तन पर काला कपड़ा बिछाकर केतुदेव की कांसा धातु से बनीमूर्ति, अभाव में कागज पर बना केतु ग्रह चित्र स्थापित करें। केतुमूर्ति या केतुचित्र पर काला टीका लगाये। जप से पूर्व व्यक्ति को अपनी शक्ति अनुसार मध्यवर्ती दशोपचार विधि अपनानी चाहिए। नहा धोकर काले वस्त्र पहनकर देवस्थान की साफ-सफाई करना, आसन ग्रहण करना, अर्घ्य देना, धूप-दीप जलाना, गन्ध-पुष्प-नैवेद्य-फल प्रस्तुत करना आदि कार्य करने होते हैं। संकल्प लेना होता है। एक बार केतु गायत्री मन्त्र, केतु वैदिक मन्त्र और केतु पौराणिक मन्त्र का उच्चारण करना होता है। इतना करने के पश्चात बीज मन्त्रका

जप प्रारम्भ करना चाहिए। इस विधि से जप करने पर अनिष्ट की हानि होती है और जातक को यथेष्ठ लाभ मिलता है। धर्म के प्रति आस्था व विश्वास सुदृढ़ होता है। उसके बहुत से मित्र बन जाते हैं। केतु ग्रह के सभी मन्त्र व जप संख्या निम्नलिखित हैं।

केतु ग्रह के मन्त्र-जप संख्या 17000

1. **केतु गायत्री मन्त्र**
   ॐ धूम्रवर्णाय विद्महे कपोतवाहनाय धीमहि तन्नः केतुः प्रचोदयात्।
2. **केतु वैदिक मन्त्र**
   ॐ केतुं कृण्वन्नकेतवे पेशोमर्या अपेशसे समुसद्भिरजायथाः।
3. **केतु पौराणिक मन्त्र**
   ॐ ह्रीं पलाश पुष्प संकाशं तारका ग्रह मस्तकम्।
   रौद्रं रौद्रात्मकं घोरं तं केतुं प्रणमाम्यहम्।।
4. **केतु तान्त्रिक मन्त्र**
   ॐ स्रां स्रीं स्रौं सः केतवे नमः।
5. **केतु नाम मन्त्र**
   ॐ कें केतवे नमः।
6. **केतु जैन मन्त्र**
   ॐ ह्रीं क्लीं एं केतुअरिष्टनिवारक-श्री मल्लीनाथ पार्श्वनाथ जिनेन्द्रभ्यां नमः शान्तिं कुरूत कुरूत स्वाहा।

नोट : बीज मन्त्र के अतिरिक्त **केतु पंचविंशतिनाम स्तोत्र, गणपति सहस्त्र नाम, श्री गणेश चालीसा** का पाठ करने से लाभ होता है।

अतिरिक्त अन्य शुभ कार्यों के विशिष्ट मन्त्र

नीचे स्वास्थ्य, शिक्षा, विवाह, संतान, नौकरी, व्यवसाय, सुख-समृद्धि आदि के कुछ और विशेष मन्त्र दिये जा रहे हैं। इनका विधिवत जप करके जातक इनसे भी समुचित लाभ उठा सकते हैं। जप के पश्चात यथासंभव साधारण वस्तुओं का दान भी करना चाहिए।

1. **प्रथमतः सर्वकार्येषु सिद्धि विनायक मन्त्र** शुक्ल पक्ष के प्रथम सोमवार से निम्न मन्त्र के 125000 जप करें।
   ॐ गं गणपतये विघ्नबाधा नाशय सिद्धिं कुरू स्वाहा।
2. **उतम स्वास्थ्य, सर्वव्याधिनाश व दीर्घायु हेतु** शुक्ल पक्ष के प्रथम सोमवार से महामृत्युंजय मन्त्र के 125000 जप करें।
   ॐ हौं जूं सः भूर्भव स्वः त्रयम्बकं यजामहे सुगन्धिं पुष्टिवर्धनम्।
   उर्वारुकमिव बन्धनान्मृत्योर्मुक्षीय मामृतात् भुर्भुवः स्वरों जूं सः ।।

अथवा

अश्वत्थामा बलि व्यासो हनुमांश्च विभीषणः।
कृपः परशुरामश्च, सप्तैतेचिरजीविनः।।
सप्तैतान् संस्मरेत् नित्यं मार्कण्डेयं अथाष्टमम्।
जीवेद् वर्षशतं साग्रमापमृत्युविवर्जितः।।

3. **निरोग, शत्रुजीत व सौभाग्यशाली बनने हेतु** शुक्ल पक्ष की अष्टमी को निम्न मन्त्र के 18000 जप करें।
ॐ क्लीं देहि सौभाग्यमारोग्यं देहि मे परमं सुखम्।
रुपं देहि जयं देहि यशो देहिद्विषो जहि क्लीम् ॐ।

4. **विद्या प्राप्ति/परीक्षा में सफलता हेतु** शुक्ल पक्ष के प्रथम गुरुवार से निम्न मन्त्र के 8000 जप करें।
मा शारदे नमस्तुभ्यं काश्मीरपुरवासिनी।
त्वामहं प्रार्थये नित्यं विद्या दान च देहि में।।

5. **वर के शीघ्र विवाह हेतु** शुक्ल पक्ष के प्रथम शुक्रवार से निम्न मन्त्र के 21000 जप करें।
नरेन्द्र ता चा कविभिर्विगर्हिता, राजन्यवन्धोर्निजधर्मवर्तिनः।
तथापि याचेतब सौह देच्छया, कनयां त्वदीयानं हि शुल्कदा वयम्।।

अथवा

भगवान भीष्मकसुतामेवं निर्जित्य भुमियान।
पुरमानीय विधिबदुपयेमे कुरुद्वह।।

अथवा

पत्नी मनोरमां देहि मनोवृतानुसारिणीम्।
तारिणीं दुर्गसंसार सागरस्य कुलोद्भवाम्।।

6. **कन्या के शीघ्र विवाह हेतु** शुक्ल पक्ष के प्रथम गुरुवार से निम्न मन्त्र के 21000 जप करें।
कात्यायनि महामाये महायोन्यिधीश्वरि।
नन्दगौपसुतं देवि पतिं में कुरु ते नम्ः।।

अथवा

हे गौरि! शंकरार्धाङ्गि, यथा त्वं शंकरप्रियां
तथा मां कुरु कल्याणि कान्तकान्तां सुदुर्लभाम्।।

7. **वर/कन्या अपने शीघ्र विवाह संस्कार हेतु** शुक्ल पक्ष के प्रथम शुक्रवार से निम्न मन्त्र के 21000 जप करें।
सर्व मंगल मांगल्ये शिवे सर्वाथ साधिके।
शरण्ये त्र्यम्बके गौरि नारायणि नमोऽस्तु ते।।

8. **संतान प्राप्ति हेतु** शुक्ल पक्ष के प्रथम रविवार से निम्न मन्त्र के 100000 जप करें।

देवकी सुत गोविन्द वासुदेव जगत्पते।
देहि में तनयं कृष्ण त्वामहं शरणं गतः।।

9. **दरिद्रता नाशक/लक्ष्मी प्राप्ति हेतु** शुक्ल पक्ष के प्रथम शुक्रवार से निम्न मन्त्र के 121000 जप करें।
तत् आरम्भ नन्दस्य ब्रजः सर्वसमृद्धिमान्।
हरे र्निवासात्मगुणः रमाक्रीड़म भुन्नृप्।।

10. **रोग निवृति हेतु** शुक्ल पक्ष के प्रथम बुधवार से निम्न मन्त्र के 21000 जप करें।
धन्वन्तरिश्च भगवान स्वयमेव कीर्ति, निम्ना तणां पुरूरूजां रूजं आशु हन्ति।
यज्ञे च भगममृतायुरवावरून्ध, आयुश्च वेदमनुशास्त्यवतीर्य लोके।।

11. **सर्वत्र विजय प्राप्ति हेतु** शुक्ल पक्ष के प्रथम सोमवार से निम्न मन्त्र के 24000 जप करें।
विजयाभिमुखो राजा श्रृत्वैदभियाति यान।
बर्लि तस्मै हरन्त्यग्रे राजानः पृथवे यथा।।

एक दृष्टि में ग्रह बीज मन्त्र सारिणी

जातक को अनिष्ट ग्रह के तान्त्रिक मन्त्र (बीज मन्त्र) या नाम मन्त्र का जप करते रहना चाहिए। इन मन्त्रों का जप सदैव ही लाभकारी व सुखदायी होता हैं। नीचे नवग्रहों के तान्त्रिक मन्त्र (बीज मन्त्र) की सारिणी दी जा रही है। इसमें ग्रह सम्बन्धी तान्त्रिक मन्त्र (बीज मन्त्र), जप संख्या, समय, दान देने योग्य वस्तुएँ और दानपात्र आदि भी वर्णित है। दान देते समय सही दानपात्र को दान देने से अधिक सुख मिलने की संभावना रहती है। सही दानपात्र का आशीर्वाद बड़ा लाभकारी होता है।

नवग्रह तान्त्रिक मन्त्र (बीज मन्त्र) जप संख्यादि सारिणी

क्रम संख्या	ग्रह	जप के तान्त्रिक मन्त्र (बीज मन्त्र)	जप संख्या	जप समय	दान देने योग्य वस्तुएँ	दान पात्र
1.	सूर्य	ॐ ह्रां ह्रीं ह्रौं सः सूर्याय नमः	7000	प्रातःकाल	गेहूँ, गुड़, केसर, लाल वस्त्र, तांबा, माणिक्य, गाय आदि	अधेड़ क्षत्रिय
2.	चन्द्र	ॐ श्रां श्रीं श्रौं सः चन्द्रमसे नमः	11000	सायंकाल	चावल, मिश्री, कपूर, शंख, श्वेत वस्त्र, चाँदी, मोती आदि	वैश्य महिला
3.	मंगल	ॐ क्रां क्रीं क्रौं सः भौमाय नमः	10000	प्रातःकाल पश्चात	गेहूँ, गुड़, मसूर दाल, लाल वस्त्र, लाल पुष्प, तांबा आदि	ब्रह्मचारी पुरुष

4.	बुध	ॐ ब्रां ब्रीं ब्रौं स: बुधाय नम:	9000	सूर्यास्त पूर्व	मिश्री, घी, मूँग, हरा वस्त्र, कांसे का बर्तन, सोना, पन्ना आदि	सुयोग्य छात्र
5.	गुरु	ॐ ग्रां ग्रीं ग्रौं स: गुरुवे नम:	19000	सायंकाल	लड्डू, चने की दाल, हल्दी, बेसन, नमक , पीत वस्त्र, सोना, घोड़ा आदि	विद्वान ब्राह्मण
6.	शुक्र	ॐ द्रां द्रीं द्रौं स: शुक्राय नम:	16000	प्रात:काल	घी, चावल, चीनी, दूध, दही, श्वेत वस्त्र, चाँदी, हीरा आदि	युवा महिला
7.	शनि	ॐ प्रां प्रीं प्रौं स: शनये नम:	23000	दोपहर	तिल, उड़द, तेल, काला वस्त्र, लोहे का बर्तन, नीलम आदि	निर्धन वृद्ध
8.	राहु	ॐ भ्रां भ्रीं भ्रौं स: राहवे नम:	18000	अर्द्धरात्रि	काले तिल, नारियल, तेल, सीसा सतनाजा, कम्बल, तलवार आदि	कुष्ठ रोगी
9.	केतु	ॐ स्रां स्रीं स्रौं स: केतवे नम:	17000	प्रात:काल	काले तिल, चीनी, सतनाजा, कम्बल, नारियल, लोहा, शस्त्र	युवा पुरुष

2. यन्त्र बल–सूर्यादि ग्रहों के विशिष्ट यन्त्र एवं उपयोग

प्रभावित ग्रह का यन्त्र हर समय अपने पास रखना ऊर्जा, बल, मानसिक शान्ति और सानन्द सुख प्राप्ति का दूसरा अन्य उपाय है। इससे व्यक्ति के मनोविज्ञान और दृष्टिकोण में परिवर्तन आता है। चिन्तित होने पर अपने पास इसके रखने मात्र से ही व्यक्ति की हिम्मत बढ़ती है। उसमें निडरता पनपती है और सुख का संचार उभरता है। यन्त्र धातु, कागज, भोजपत्र आदि के होते हैं। छोटे आकार के 2: 2 इंच के धातु के यन्त्र बाजार में धार्मिक वस्तु बेचने वाली दुकान पर मिल जाते हैं। घर पर भी इन्हें सादा कागज या भोजपत्र पर केसर की स्याही से लिखकर बना सकते हैं। इन्हें सदैव अपने सिरहाने के नीचे या वॉलेट/पर्स/बटुए/जेब में सहेजकर रखें। यह यन्त्र बहुत प्रभावशाली एवं लाभदायक होते हैं। इन यन्त्रों का पूर्ण विवरण सम्बन्धित ग्रह के नीचे दिया जा रहा है। इन यन्त्रों में ग्रहों के पौराणिक मन्त्र व उपरोक्त मन्त्र सारिणी में दिये बीज मन्त्र भी लिखे होते हैं। इनका समय-समय उच्चारण भी करते रहना चाहिए। कम-से-कम सम्बन्धित ग्रह मन्त्र की एक माला, अर्थात् 108 बार

अनिष्ट नवग्रह शान्ति के उपाय

जप अवश्य करें। इससे भावना प्रबल होती है, जातक के दृष्टिकोण में परिवर्तन होता है और सुख मिलता है।

नोट : जिस प्रकार मन्त्र शक्ति से निर्बल, पापपीड़ित व अनिष्टकारी ग्रह सशक्त होता है और प्रत्युतर में जातक को सुख-शान्ति मिलती है, ठीक उसी प्रकार यंत्र बल से भी जातक का दृष्टिकोण बदलता है और वह अपने को सुखी व प्रसन्नचित महसूस करता है। यदि मन्त्र जप के लिये समय का अभाव है, तो जातक अपनी शुभ स्थिति के लिये अपने पास यंत्र रख सकता है। इससे भी समान बल मिलेगा। यह अधिक अच्छा होगा कि पापपीड़ित व्यक्ति स्वयं भोजपत्र पर अपने हाथ से केसर की स्याही की कलम से अनिष्ट ग्रह का यन्त्र बनाये या फिर किसी सुयोग्य पण्डित/ज्योतिषविद् से बनवाये। विधिवत उसकी पूजा करे और सम्बन्धित ग्रह मन्त्र जप के पश्चात आवश्यक स्थान पर रखे।

नवग्रह यन्त्र सारिणी

बुध यन्त्र

7	12	5
6	8	10
11	4	9

शुक्र यन्त्र

9	14	7
8	10	12
13	6	11

चन्द्र यन्त्र

5	10	3
4	6	8
9	2	7

गुरु यन्त्र

8	13	6
7	9	11
12	5	10

सूर्य यन्त्र

4	9	2
3	5	7
8	1	6

मंगल यन्त्र

6	11	4
5	7	9
10	3	8

केतु यन्त्र

12	17	10
11	13	15
16	9	14

शनि यन्त्र

10	15	8
9	11	13
14	7	12

राहु यन्त्र

11	16	9
10	12	14
15	8	13

1. बुध यन्त्र

बुध ग्रह वाणी, बुद्धि, विद्या, कला निपुणता, वाक चातुर्य, व्यापार, व्यवसाय, लेखन, मुद्रण, चिकित्सा, कानून, वित्त, मामा, नाक, गला आदि का द्योतक है। निर्बल व पापपीड़ित बुध के कारण विद्या, बुद्धि सम्बन्धी परेशानी, वाणी दोष, मतिभ्रम, पागलपन, नाक व गले के रोग, मामा से कटु सम्बन्ध, व्यवसाय में हानि, विचारों में अस्थिरता हो सकती है। इस स्थिति में अपने पास बुध यंत्र रखने से उसका मनोविज्ञान बदलेगा और उसकी हिम्मत बढ़ेगी व परेशानी कम होगी। बुध यंत्र में सभी ओर से जोड़ने पर 24 का अंक बनता है।

2. शुक्र यन्त्र

शुक्र ग्रह शैया सुख, विलासिता, सुगन्ध, फैशन, साज श्रृंगार, काव्य-नृत्य-संगीत कला, राज्य कृपा, वाहन सुख, लक्ष्मी, गुप्तेन्द्रिय आदि का द्योतक है। निर्बल व पापपीड़ित शुक्र के कारण दाम्पत्य सुख में कमी, प्रेम में असफलता, वाहन से कष्ट, श्रृंगार से अरुचि, नपुंसकता, हरनिया रोग, मधुमेह व गर्भाशय आदि के रोग हो सकते हैं। अपने पास शुक्र यंत्र रखने से उसका वातावरण बदलेगा और उसक साहस बढ़ेगा, सुख में वृद्धि होगी व शान्ति मिलेगी। शुक्र यंत्र में सभी ओर से जोड़ने पर 30 का अंक बनता है।

3. चन्द्र यन्त्र

चन्द्र ग्रह माता, मन, चितवृति, शारीरिक पुष्टता, मानसिक स्थिति, राजानुग्रह, सम्पति, तरल पदार्थ, पेय पदार्थ, खाद्य पदार्थ, फल, अनाज का द्योतक है। निर्बल व पापपीड़ित चन्द्र के कारण माता से परेशानी, मानसिक कष्ट, अनिद्रा, दमा, श्वास रोग, कफ, सर्दी, जुकाम, मूत्र रोग, मासिक धर्म सम्बन्धी रोग, पित्ताशय की पथरी, निमोनिया आदि हो सकते हैं। अपने पास चन्द्र यंत्र रखने से उसकी मानसिक स्थिति सुदृढ़ होगी, वातावरण बदलेगा और उसे सुख व शान्ति मिलेगी। चन्द्र यंत्र में सभी ओर से जोड़ने पर 18 का अंक बनता है।

4. गुरु यन्त्र

गुरु ग्रह ज्ञान-विज्ञान, धर्म, वेद-शास्त्र, विद्या, सन्तान, आचार्य, पठन-पाठन, शिक्षा-दीक्षा, ज्योतिष कर्म, प्रबन्ध क्षमता, मान-सम्मान, उदर, कान, हड्डियों के जोड़ आदि का द्योतक है। निर्बल व पापपीड़ित गुरु के कारण पूजा में मन न लगना, देवता, गुरु, ब्राह्मणों में आस्था न रहना, आय में कमी, विवाह में देरी, संतान में देरी, बेहोशी, पेट व कान के रोग, गठिया, कब्ज, अनिद्रा आदि हो सकते हैं। गुरु यंत्र रखने से वातावरण बदलेगा और विश्वास बढ़ेगा। जातक को मान-सम्मान और शान्ति मिलेगी। गुरुयंत्र में सभी ओर से जोड़ने पर 27 का अंक बनता है।

5. सूर्य यन्त्र

सूर्य ग्रह आत्मा, पिता, शक्ति, मान-सम्मान, स्वास्थ्य, सरकार/राज्य, क्षमता, यश, सिर, मस्तक, नेत्र, हृदय, अस्थि आदि का द्योतक है। निर्बल व पापपीड़ित सूर्य के कारण पिता से सम्बन्ध ठीक न होना, सरकार से परेशानी, नौकरी में परेशानी, सिरदर्द, नेत्ररोग, हृदयरोग, चर्मरोग, अस्थिरोग, पीलिया रोग, ज्वर, क्षय रोग, मस्तिष्क की कमजोरी आदि हो सकते हैं। सूर्य यंत्र रखने से वातावरण बदलेगा, ऊर्जा मिलेगी व क्षमता बढ़ेगी। जातक स्वस्थ, सुखी और प्रतिष्ठित होगा। सूर्य यंत्र में सभी ओर से जोड़ने पर 15 का अंक बनता है।

6. मंगल यन्त्र

मंगल ग्रह हिंसा, शक्ति, मकान, सम्पति, चोट, घाव, अस्त्र-शस्त्र, सेना, पुलिस, चोर, ड़ाकू, झूठ, झगड़ा, मुकदमा, आकांक्षा, राज्यलाभ, राज्यदण्ड, भाई-बहन आदि

का द्योतक है। निर्बल व पापपीड़ित मंगल के कारण क्रोध अधिक आना, भाईयों से सम्बन्ध ठीक न होना, दुर्घटनायें होना, रक्त विकार, कुष्ठ रोग, घाव, फोड़ा, फुन्सी, उच्च रक्तचाप, बबासीर, चेचक आदि हो सकते हैं। मंगल यंत्र रखने से वातावरण बदलेगा, समझ आयेगी और सम्बन्ध ठीक होंगे। रक्तविकार भी दूर होंगे और जातक को शान्ति मिलेगी। मंगल यंत्र में सभी ओर से जोड़ने पर 21 का अंक बनता है।

7. केतु यन्त्र

केतु एक छायाग्रह है। यह मंगल के समान हिंसा, विस्फोट, मोक्ष, तंत्रविद्या, दुर्घटना, घाव, चोट, मानसिक विकृति, क्रोध, मतिभ्रम, महामारी, गलत रोग निदान आदि का द्योतक है। निर्बल व पापपीड़ित केतु के कारण नाना से परेशानी, जादू टोना की परेशानी, छूत का रोग, रक्त विकार, दर्द, चेचक, हैजा आदि हो सकते हैं। केतु यंत्र रखने से वातावरण बदलेगा, मानसिक विकृति दूर होगी और जातक को सुख व शान्ति मिलेगी। मोक्ष का मार्ग खुलेगा। केतु यंत्र में सभी ओर से जोड़ने पर 39 का अंक बनता है।

8. शनि यन्त्र

शनि ग्रह आयु, मृत्यु, भय, पतन, उच्च पद से गिरना, मानहानि, मजदूरी, निन्दा, आलस्य, ऋण, दासता, दीर्घकालीन रोग, लोहा, मशीनरी, खनिज तेल, खाद्य तेल आदि का द्योतक है। निर्बल व पापपीड़ित शनि के कारण नौकरी से परेशानी, नौकरों से झगड़े, वायुविकार, लकवा, रीढ़ की हड्डी, कैंसर, कुष्ठ रोग, भूत-प्रेत भय, मिर्गी, नपुंसकता आदि हो सकते हैं। शनि यंत्र रखने से विचार बदलेंगे, समझदारी आयेगी। जातक को भय से मुक्ति, सुख व शान्ति मिलेगी। शनि यंत्र में सभी ओर से जोड़ने पर 33 का अंक बनता है।

9. राहु यन्त्र

राहु एक छायाग्रह है। यह पृथकतावादी, विजातीय, विदेश ले जाने वाला, मलेच्छ, मतिभ्रम, मृत, अस्थिपंजर, कसाई, पशुबध स्थान, कब्रिस्तान, शमशान, भूतप्रेत आदि से जुड़े लोगों का साथी, कैंसर, घाव आदि का द्योतक है। निर्बल व पापपीड़ित राहु के कारण दादा से परेशानी, अहंकारी होना, त्वचा रोग, कुष्ठ रोग, मस्तिष्क रोग, भूत-प्रेत भय आदि हो सकते हैं। राहु यंत्र रखने से विचार बदलेंगे, अहंकार कम होगा व समझदारी आयेगी। विदेश भ्रमण के अवसर और सुख-शान्ति मिलेगी। राहु यंत्र में सभी ओर से जोड़ने पर 36 का अंक बनता है।

3. व्रत/उपवास लाभ–कब, किस दिन, कैसे प्राप्त करें?

निर्बल एवं पापपीड़ित ग्रह के दिन या वार को व्रत या उपवास रखना तथा ग्रह की या ग्रह देवता की पूजा करना तथा कथा कहना, व्रत/उपवास का पूरा लाभ लेना एक तीसरा साधारण किन्तु उत्तम उपाय है। पूजा-व्रत-उपवास के दिन आचारसंहिता का पूर्णरूपेण पालन करें। शुद्ध विचार अपने मन में लायें। काम, क्रोध, मद, लोभ,

---

मोह से बचें। शाम के समय दिन में एक बार मीठा शाकाहारी भोजन करें। नमक का उस दिन त्याग करें। निराहार एवं निर्जला व्रत भी कर सकते हैं। बिना कुछ खाये, बिना पानी पिये भी कुछ लोग व्रत या उपवास रखते हैं और ग्रह देवता की पूजा करते हैं, कथा कहते हैं। ऐसा व्रत या उपवास कठोर श्रेणी में आता है। भारत में इस प्रकार के व्रत/उपवास रखने में महिलाओं की अहम भूमिका रहती है। भारत के भूतपूर्व प्रधानमन्त्री श्री लालबहादुर शास्त्री भी सप्ताह में एक दिन व्रत रखते थे, पूजा करते थे, कथा कहते और एक समय भोजन करते थे। उनकी सोच थी कि ऐसा करने से गरीबों के लिए एक वक्त का भोजन बच सकेगा। यदि सभी भारतवासी ऐसा करने लगें, तो बहुत कुछ भोजन गरीबों के लिए बचाया जा सकता है। कब कौन-से ग्रह का व्रत करें और पूजा करें, इसकी सारिणी नीचे दी गयी है। शुक्लपक्ष की एकादशी, पूर्णमासी और गणेश चतुर्थी और संक्रान्ति को किये जाने वाले व्रत/उपवास भी काफी सुखदायी एवं लाभकारी होते हैं। व्रत/उपवास के दिन ग्रह के बीज मन्त्र का जप करना पूजा का ही अंग है। यह श्रेयस्कर रहता है। नाम मन्त्र का भी जप कर सकते हैं। मन्त्र सारिणी मन्त्र शीर्षक अनुच्छेद में दी गयी है। निर्मल बुद्धि व भक्ति भावना के लिए श्री गणपति जी के मन्त्र **"ओम गं गणपतये नमः"** का जप भी ठीक रहता है। पूजा-व्रत-उपवास के दिन ग्रह, वार सम्बन्धी कथा सुनना व सुनाना लाभकारी होता है। भजन/गीत भी गाये जा सकते हैं। वेद-पुराणों में ग्रहों को देव या देवता बताया गया है। व्रत/उपवास के दिन इनसे सम्बन्धित वस्तुओं का दान करें। इससे मन में स्थिरता, सुख व शान्ति के विचार पैदा होंगे और ग्रह पीड़ा दूर होगी।

अनिष्ट ग्रह, वार, संख्या व्रत/उपवास सारिणी

अनिष्ट ग्रह	व्रत/ उपवास	व्रत संख्या	अनिष्ट ग्रह	व्रत/ उपवास	व्रत संख्या	अनिष्ट ग्रह	व्रत/ उपवास	व्रत संख्या
1-सूर्य	रविवार	12 रविवार	2-चन्द्र	सोमवार	16 सोमवार	3-मंगल	मंगलवार	21 मंगलवार
4-बुध	बुधवार	21 बुधवार	5-गुरु	गुरुवार	16 गुरुवार	6-शुक्र	शुक्रवार	21 शुक्रवार
7-शनि	शनिवार	19 शनिवार	8-राहु	शनिवार	21 शनिवार	9-केतु	मंगलवार	21 मंगलवार

4. साधारण वस्तु दान

निर्बल एवं पापपीड़ित अनिष्टकारी ग्रह के दिन व्रत/उपवास करने/पूजा करने के उपरान्त जिन साधारण वस्तुओं का दान करना आवश्यक होता है, वे सभी निम्नांकित सारिणी में एक कॉलम में दी गयी हैं। इससे पूर्व भी बीज मन्त्र शीर्षक अंतर्गत ग्रह वस्तु दान सारिणी में ग्रहों के कालम में विशेष वस्तुएँ अलग से दी गयी है। उन्हें भी देख लें। लेखक का विश्वास है कि सच्चे मन से किया गया साधारण वस्तु दान भी काफी सुखदायी और लाभकारी होता है, क्योंकि इसमें व्यक्ति की आस्था, श्रद्धा और सेवा की भावना छिपी होती है। साधारण वस्तु दान सारिणी में नीचे देखकर वस्तु दान करके लाभ उठायें और अपना जीवन सुखी व शान्त बनायें।

साधारण वस्तु दान सारिणी

क्र.	अनिष्ट ग्रह	साधारण दान की वस्तुएँ	पूज्य देवता
1	सूर्य	रविवार के दिन गाय को गेंहू और गुड़ खिलाना, पूज्य पिताजी की सेवा करना, सूर्य नमस्कार करना, सूर्य को अर्घ्य देना, चिड़ियों-कौवों को लाल रंग की खाने वाली वस्तुएँ खुले में डालना।	श्री विष्णुदेव जी
2	चन्द्र	सोमवार के दिन गाय को चारा खिलाना, पूज्यनीय माताजी की सेवा करना, भिखारी को चावल खिलाना, सोमवार के दिन गरीब व जरूरतमन्द लोगों एवं पक्षियों में कौवों को मीठे चावल देना।	श्री महादेव जी
3	मंगल	धैर्य रखना, अपने छोटे भाइयों और नौकर-चाकरों की सहायता करना, प्रातःकाल कम से कम 10 मिनट प्रभु ध्यान में मन लगाना, मंगलवार के दिन लाल रंग के खाद्य पदार्थ गरीबों को दान करना और चिड़ियों को भी डालना।	श्री हनुमान् जी
4	बुध	बुधवार के दिन तुलसी के पौधे में जल देना, बुधवार के दिन ही गायों को हरी घास, हरा चारा जैसे—पालक घास आदि खिलाना, अनाथालयों में रहने वाले गरीब बच्चों को हरे फल बाँटना, हरे वस्त्र, पैन, पैंसिल आदि दान में देना।	माँ देवी दुर्गा जी
5	गुरु	रविवार और गुरुवार को छोड़कर प्रतिदिन प्रातः पीपल वृक्ष को जल देना, भिखारी और कौवों को केला खिलाना, पीले रंग के मीठे खाद्य पदार्थ चिड़ियों और कौवों को खुले में डालना, अपने गुरु की सेवा करना और उन्हें पीले वस्त्र दान में देना।	श्री ब्रह्मदेव जी
6	शुक्र	शुक्रवार के दिन कौवों को मीठे चावल, बर्फी, रसगुल्ला के समान उत्तम भोजन देना, गायों को कच्चे आलू खिलाना, विद्यार्थियों को सफेद रंग की वस्तुएँ जैसे चीनी, चावल भोजन पकाने का तेल, चमड़े की वस्तुएँ, जैसे जूते, बेल्ट, बटुवा आदि दान करना, माँ दुर्गा की पूजा कर पड़ोस की सात अविवाहित लड़कियों को गरिष्ट भोजन कराना।	माँ देवी लक्ष्मी जी
7	शनि	शनिवार के दिन प्रातःकाल पीपल वृक्ष को जल देना, भिखारी और कौवों को नमकीन, चावल-दाल आदि खिलाना, प्रतिदिन प्रातःकाल कौवों और कुत्तों को तेल से चुपड़ी नमकीन रोटी खिलाना, सेवादारों और गरीब पड़ोसियों का ध्यान रखना।	श्री वटुक भैंरो जी

8	राहु	किसी पड़ोसी के पिता की सेवा करना, प्रतिदिन प्रातःकाल कौवों और कुत्तों को मीठी रोटी खिलाना, काली गाय को पहली रोटी खिलाना, पीपल के वृक्ष की जड़ में शनिवार के दिन सरसों के तेल का दीपक जलाना, अपाहिज और बीमार व्यक्तियों की सेवा करना और उन्हें दैनिक उपयोग की वस्तुएँ दान में देना।	माँ देवी सरस्वती जी
9	केतु	कुत्तों को नियमित भोज्य पदार्थ खिलाना, गरीबों को मटमैली उपयोगी वस्तुएँ दान में देना, श्रीगणेशजी की नियमित प्रार्थना करना, अपने से बड़े व्यक्तियों और साधु-सन्तों की सेवा करना, पहली रोटी गाय या कुत्ते को खिलाना।	श्री गणेश जी

नोट : ग्रह से सम्बन्धित वस्तुदान के साथ उनके पूज्य देवता का आह्वान कर सकते हैं। उनके चालीसा, स्तोत्र, कवच आदि का नियमित पाठ कर सकते हैं। सूर्य के लिये आदित्य हृदय स्तोत्र, मंगल के लिये श्री ऋणमोचन स्तोत्र, शुक्र के लिये दुर्गा कवच, शनि के लिये दशरथ कृत शनि कवच प्रमुख हैं।

5. हवन, अनुष्ठान, यज्ञ – एक दृष्टि

समय रहते अनिष्ट ग्रह सम्बन्धी हवन-अनुष्ठान-यज्ञ करना घर की प्रसन्नता और शान्ति के लिए एक साधारण-सा लाभकारी उपाय है। इसमें एक सुयोग्य व अनुभवी पुजारी या अनुष्ठानकर्ता की जरूरत होती है, ताकि वह दीपक, अगरबत्ती, मौली, रोली, अक्षत, फूल, फल, मेवा-मिष्ठान आदि का उपयोग करने के साथ-साथ आवश्यक श्लोकों का सही उच्चारण करता हुआ ग्रह सम्बन्धी हवन-अनुष्ठान-यज्ञ को भली-भाँति सम्पन्न कर सके। लेखक का ऐसा मानना है कि इससे निर्बल एवं पापपीड़ित ग्रह सशक्त होकर व्यक्ति को इच्छित लाभ दे सकेगा। सभी कार्यों के लिए, यथा-जन्मदिन, स्वास्थ्य, शिक्षा, नौकरी/व्यवसाय, शुभ विवाह, अच्छी सन्तान आदि के लिए हवन-अनुष्ठान-यज्ञ करने की प्राचीन परम्परा है। सफलता और सुख-समृद्धि के लिए हवन-अनुष्ठान-यज्ञ करना हिन्दू धर्म संस्कृति का मूलाधार बताया गया है। इसके अतिरिक्त रोग उपचार में भी लाभकारी हैं। पुरातन काल में कितने ही राजा-महाराजाओं ने ऋषि-मुनियों के सहयोग से इस प्रकार के हवन-अनुष्ठान-यज्ञ करवाये हैं। इनमें महाराजा सगर, उनके पोते भागीरथ, राजा दशरथ, उनके सुपुत्र श्रीराम, पाण्ड़व पुत्र युधिष्ठिर के चन्द नाम उल्लेखनीय हैं। महाराजा सगर ने विश्व विजय हेतु अश्वमेध यज्ञ करवाया, भागीरथ ने गंगा को धरती पर उतारने हेतु अनुष्ठान करवाया, दशरथ ने पुत्र-प्राप्ति हेतु पुत्रेष्ठि यज्ञ करवाया, श्रीराम ने चक्रवर्ती राजा कहलाने हेतु राजसूय यज्ञ करवाया तथा युधिष्ठिर ने भी राज्य-प्राप्ति हेतु राजसूय यज्ञ करवाया। कुछ लोग इन्हें पुराण कथा या कल्पित कथा कह सकते हैं, किन्तु लेखक का ऐसा मत है कि सच्चे मन और दृढ़ विश्वास से किये गये सभी हवन-अनुष्ठान-यज्ञादि कार्य सदैव सफल एवं लाभदायी होते हैं।

पुस्तक के अंत में षोड़शोपचार सहित आसान/हवन विधि व सम्बन्धित श्लोक दिये जा रहे हैं। जातक स्वयं किसी भी शुभ दिन अपने घर में हवन कर सकता है। साधारण हवन एक दिन में पूरा कर सकते हैं, किन्तु अनुष्ठान व यज्ञ पूर्ण करने में कार्य अनुसार सप्ताह-पक्ष-मास लग जाते हैं। अनुष्ठान किसी विशेष उदेश्य के लिये किया जाता है। अनुष्ठान में नियमित समय में निश्चित संख्या में मन्त्रों का उच्चारण किया जाता है। इसके समापन पर यज्ञ होता है, आहुतियाँ दी जाती हैं और कार्यसिद्धि की कामना की जाती है। भविष्य उज्जवल होता है।

6. रत्न रहस्य

मानव सभ्यता के प्रारम्भिक काल में पत्थरों के सहारे जीवन चलता था। मकान बनाना हो, भोजन की व्यवस्था करनी हो, युद्ध व जंगली जानवरों से सुरक्षा करनी हो, अंधेरा भगाना हो और प्रकाश लाना हो आदि सभी कार्यों के लिये पत्थर ही प्रयुक्त होते थे। व्यवसाय में तोल-माप भी पत्थरों से ही होती थी। उस समय जनसामान्य को इन बहुमूल्य पत्थरों का कोई ज्ञान नहीं था। पुरानी कहावत के अनुसार- **"पड़े पारस बेचे तेल, यह देखो कुदरत का खेल"** अर्थात् घर में पारस पत्थर पड़े हैं, जिनके स्पर्श मात्र से लोहे की छड़ भी सोने की छड़ में बदल जाती है, किन्तु ज्ञान के अभाव में तेल बेचने जैसा साधारण व्यवसाय करते हैं। अब जनसामान्य को पत्थरों का ज्ञान होगया है और लगा है कि बहुत से पत्थर तो सोने-चाँदी जैसी धातुओं से भी बहुमूल्य हैं। अब लोग इनका सही उपयोग करने लगे हैं। धरती के आंचल में विभिन्न भौतिक एवं रासायनिक तत्त्वों के मेल से उत्पन्न खनिज रुप में प्राप्त होने वाले अद्‌भुत, आभावान, श्वेत, रंगीन व छोटे आकार के पत्थरों को रत्न कहा गया है। प्रत्येक स्वामी ग्रह का एक शुभ रत्न होता है। इनमें अलौकिक शक्ति का समावेश होता है। इनमें व्यक्ति के जीवन को स्वस्थ, सुखमय और प्रसन्नचित्त बनाये रखने की अपूर्व क्षमता होती है।

शुभ रत्न-जीवन रत्न/पुण्य रत्न/भाग्य रत्न

आम धारणा है कि कुण्डली में त्रिकोण सदैव शुभ होता है। त्रिकोण के तीन भावों प्रथम, पंचम और नवम को महत्त्वपूर्ण माना गया है। अतः प्रथम भावेश अर्थात् लग्नेश का जीवन रत्न, पंचम भावेश अर्थात् पंचमेश का पुण्य रत्न और नवम भावेश अर्थात् नवमेश का भाग्य रत्न पहनना शुभ रहता है। इनमें भी, जो निर्बल ग्रह हो, उसका रत्न पहनना अधिक लाभकारी होता है। यदि इनके अतिरिक्त किसी अन्य भावेश की दशा चल रही है, जो निर्बल, पापपीड़ित और अनिष्टकारी है, तो उस भावेश के राशि ग्रह का रत्न पहनें। ध्यान रहे कि मारक, बाधक, नीच या अशुभ ग्रह का रत्न कभी न पहनें। एक बार में एक ही ग्रह का रत्न पहनना अधिक शुभ एवं सुखदायी रहता है। एक से अधिक रत्न पहनना ठीक नहीं है। इसे अँगूठी या पेण्डेण्ट में जड़वाकर अँगुली या गले में पहन सकते हैं। जातक की आयु/वजन

के अनुसार रत्न सवा तीन रत्ती से लेकर सवा नौ रत्ती तक वजन के पहने जा सकते हैं। बच्चों के लिए सवा रत्ती का रत्न ही काफी होता है। इसी प्रकार यदि हीरा रत्न पहनना हो, तो एक बड़े व्यक्ति के लिए हीरा सवा रत्ती वजन का ही काफी है। जहाँ तक नीलम पहनने की बात है, यह देखा गया है कि नीलम पहनना कभी-कभी ठीक नहीं रहता है। अतः नीलम सोच-समझकर ही पहनना चाहिए। आजकल विभिन्न प्रकार के रत्नों का व्यवसाय धोखेबाजी का हो गया है। अतः रत्न खरीदते समय सावधानी बरतें और सुयोग्य ज्योतिषविद् से सलाह लेकर ही रत्न पहनें। विद्वान ज्योतिषी से रत्न पहनने सम्बन्धी सलाह लेना और रत्न की प्राण प्रतिष्ठा करवाना उचित रहता है। प्रत्येक ग्रह का एक विशेष रत्न होता है। अतः रत्न पहनते समय रत्न की परख भी जरुरी है। स्वयं परख न कर पाने की स्थिति में प्रयोगशाला में रत्न की जाँच करवा सकते हैं और प्रमाण पत्र भी ले सकते हैं। यहाँ यह भी लिखना उपयुक्त होगा कि एक गरीब व्यक्ति के लिये बहुमूल्य रत्न पहनना कठिन होता है। अतः उनके लिये सुझाव है कि वह अल्पमोली रत्न की अँगूठी या पैण्ड़ैण्ट पहने। रत्न शुक्ल पक्ष में निर्दिष्ट वार को उस वार की प्रथम होरा में शुभ तिथि-नक्षत्र में ही पहने। रत्न पहनने से पूर्व रत्न सम्बन्धित मन्त्र का 108 बार जप करें और ग्रह से सम्बन्धित वस्तुएँ दान करें। सभी ग्रहों के रत्नों की श्रेणियाँ अर्थात् बहुमूल्य/अल्पमोली रत्नों का विवरण निम्नलिखित हैं।

ग्रहों के रत्न, श्रेणियाँ व परख (Planetary Gems and Their Ranks)

सभी नवग्रहों के रत्न होते हैं। इनका विवरण कब और क्यों पहने नीचे दिया जा रहा है। इन रत्नों को दो श्रेणियों में बाँटा गया है-

1. बहुमूल्य रत्न (HighPrice Gems) इन रत्नों में माणिक्य, मोती, मूँगा, पन्ना, पुखराज, हीरा, नीलम, गोमेद व लहसुनिया प्रमुख बहुमूल्य रत्न हैं।
2. अल्पमोली रत्न (Low Price Gems) इन रत्नों में लालड़ी, जिरकन, अकीक, बेरुज, सुनैला, ओपल, कटैला, तुरसावा एवं फिरोजा प्रमुख हैं।

बहुमूल्य रत्न-उनके लाभ व परख

(1) माणिक्य (Ruby)

यह सूर्य ग्रह का रत्न है। इसे रविवार के दिन प्रातः रवि की प्रथम होरा में पहनना चाहिए। इस रत्न के पहनने से साहस में वृद्धि होती है। भय, दुःख और व्याधि का नाश होता है। नौकरी में उच्च पद, प्रोन्नति, समाज में प्रसिद्धि और प्रतिष्ठा मिलती है। अस्थिविकार, सिरदर्द, दुर्बलता दूर कर रक्त वृद्धि में सहायता करता है।

माणिक्य की परख

असली माणिक्य वह होता है, जो सोने के समान भारी हो। किसी पत्थर पर इससे लकीर बनाई जावे, पत्थर पर तो लकीर बन जायेगी, किन्तु असली माणिक्य का कुछ नहीं बिगड़ेगा। असली माणिक्य को आँखों पर रखने से ठण्डक महसूस होती है।

(2) मोती (Pearl)

यह चन्द्र ग्रह का रत्न है। इसे सोमवार के दिन प्रात: चन्द्र की प्रथम होरा में पहनना चाहिए। यह बल, बुद्धि, विद्या में वृद्धि करता है। स्मरण शक्ति ताजा रहती है। क्रोध और मानसिक तनाव में कमी होती है। अनिद्रा, दंत व मूत्र रोग दूर होते हैं। पुरुषों का शीघ्र विवाह कराता है। महिलाओं का सुहाग सुरक्षित रखता है।

मोती की परख

असली मोती की उपरी परत कमजोर होती है। यह दांत से टूट जाती है। वजन में हल्का होता है। असली मोती प्राय: पूर्णरुपेण गोल नहीं होते हैं। गोमूत्र या चावलों के बीच रखने से चमक बढ़ जाती है। आँखों पर रखने से ठण्डक मिलती है।

(3) मूँगा (Coral)

यह मंगल ग्रह का रत्न है। इसे मंगलवार को मंगल की प्रथम होरा में पहनना शुभ होता है। साहस व बल बढ़ाता है। अनेकानेक कष्ट दूर करता है। पारिवारिक रिश्तों में मिठास लाता है। झगड़े दूर कराता है। महिलाओं के शीघ्र विवाह कराने में सहयोग करता है। पेट दर्द, पथरी, टयूमर, बबासीर आदि रोगों में आराम लाता है। बच्चों के सूखा रोगों हेतु अच्छा है।

मूँगा की परख

असली मूँगा हल्का, चिकना और स्पर्श करने पर हड्डी जैसा मालूम होता है। इसका रंग सिन्दूरी होता है। लैंस से देखने पर समतल दिखाई देता है। यदि इसे खून में रखा जाये, तो इसके चारों ओर खून जमने लगता है। थम होरा में पहनना

(4) पन्ना (Emerald)

यह बुध ग्रह का रत्न है। इसे बुधवार को बुध की प्रथम होरा में पहनना चाहिए। यह निर्धनता दूर कर घर में सुख-शान्ति लाता है। मुसीबत, जादू टोना व प्रेत बाधा से बचाता है। परीक्षा में सफलता दिलाता है। महिलाओं के पति सुख के लिये शुभ है। खाँसी, गले के दर्द, टांसिल्स, रक्तचाप आदि को ठीक रखता है।

पन्ना की परख

असली पन्ना हरे रंग का, चिकना, पारदर्शक/अर्द्धपारदर्शक होता है। इसमें थोड़ा अभ्रक का अंश होता है। असली पन्ना में थोड़ा-बहुत जाला जरुर होता है। यदि इसे गरम किया जाये तो न यह चटकता है और न ही इसका रंग फीका पड़ता है।

(5) पुखराज (Yellow Sapphire)

यह गुरु ग्रह का रत्न है। इसे गुरुवार को प्रात: गुरु की प्रथम होरा में पहनना चाहिए। यह व्यक्ति के बल, बुद्धि, ज्ञान, यश व मान-सम्मान को बढ़ाता है। यह धनवान बनाता है। यह पुत्र संतान देता है। जीवन को सुरक्षित रखता है। पाप कर्म करने से रोकता है। अजीर्ण, आमवात्, प्रदर, कैंसर व चर्मरोग से मुक्ति दिलाता है।

पुखराज की परख

असली पुखराज पीले कनेर के रंग जैसा पीत आभा वाला होता है। यह मुलायम व चिकना होता है। हाथ में लेने पर भारी लगता है। श्रेष्ठ पालिश वाला पुखराज, यदि रगड़ा जाये तो इससे विद्युत उत्पन्न होती है। कसौटी पर घिसने से रंग व चमक निखरती है।

(6) हीरा (Diamond)

यह शुक्र ग्रह का रत्न है। इसे शुक्रवार को प्रात: शुक्र की प्रथम होरा में पहनना चाहिए। यह व्यक्ति को स्वस्थ, साहसी व बलशाली रखता है। समझदार विचारशील बनाता है। धनधान्य दिलाता है। शीघ्र विवाह कराता है। अग्नि, भय और चोरी से बचाता है। वीर्यदोष व नपुंसकता दूर करता है। महिलाओं के गर्भाशय रोगों को ठीक करता है।

हीरा की परख

कहावत है-हीरे की परख जौहरी जाने। हीरा एक कठोर खनिज है। यदि इसे खुली रोशनी में देखा जाये, तो इसमें इन्द्रधनुषी रंगों की किरणें दिखाई देती है। पानी में डूबने पर भी चमक-दमक समान रहती है। यह विद्युत का कुचालक है। कोहीनूर हीरा विश्वप्रसिद्ध है।

(7) नीलम (Blue Sapphire)

यह शनि ग्रह का रत्न है। इसे शनिवार को प्रात: शनि की प्रथम होरा में पहनना चाहिए। यह धन दिलाता है। व्यक्ति के सर्व सुखों में वृद्धि करता है। प्रसिद्धि दिलाता है। मन में सद्विचार भरता है। संतान सुख प्रदान करता है। वायुरोग, लकुआ, गठिया, टेटनिस, हार्निया आदि रोगों से बचाता है।

नीलम की परख

असली नीलम हाथ में लेने पर हल्का लगता है। वह चिकना, चमकदार व मोरपंख की आभा वाला होता है। उसकी रंग पट्टियाँ सीधी होती है। स्वच्छ जल से भरे पात्र में ड़ालने पर इसकी नीली किरणें आखों में चुभती हैं। समीप लाया तिनका चिपक जाता है।

(8) गोमेद (Hasonite)

यह राहु ग्रह का रत्न है। इसे शनिवार को प्रात: शनि की प्रथम होरा में पहनना ठीक रहता है। इसके प्रभाव से शत्रु दूर भागते हैं। मुकदमों में सफलता मिलती है। व्यक्ति को सभी तरह की सुख सम्पदा दिलाता है। मन की शान्ति व प्रसन्नता लाता है। हैजा, रक्त विकार, वीर्य विकार आदि बीमारियों से बचाता है।

गोमेद की परख

असली गोमेद उल्लू या बाज की आँख जैसा तथा गोमूत्र के रंग समान होता है।

साफ-सुथरा, चिकना और भारी गोमेद उत्तम कहा गया है। इसमें शहद की सी परछांई नजर आती है। यदि 24 घण्टे के लिये इसे गोमूत्र में रख दे, तो गोमूत्र का रंग बदल जाता है।

(9) लहसुनिया (Cat's Eye)

यह केतु ग्रह का रत्न है। इसे बुधवार को प्रातः बुध की प्रथम होरा में पहनना चाहिए। यह लाटरी, घुड़दौड़ आदि से गुप्त धन दिलाता है। गुप्त शत्रुओं और सरकारी सजा से बचाता है। व्यवसाय में प्रगति लाता है। अण्ड़कोष, रक्त की कमी, चेचक आदि रोगों का बचाव करता है।

लहसुनिया की परख

असली लहसुनिया पीतवर्णी किन्तु हरी आभायुक्त बिल्ली की आँख जैसा दिखाई देता है। इसमें ढ़ाई-तीन सफेद धारियाँ होती हैं। रत्न को इधर-उधर घुमाने पर हिलती दृष्टिगोचर होती हैं। इसे हड्डी के ऊपर रखा जाये, तो 24 घण्टे में हड्डी में आर-पार छेद हो जाता है।

अल्पमोली उपरत्न - उनके लाभ

बहुमूल्य रत्न न खरीद पाने की स्थिति में अल्पमोली उपरत्न (Substitutes) खरीदे जा सकते हैं। इन उपरत्नों की लगभग 100 किस्में हैं। इनमें सभी ग्रहों के प्रमुख उपरत्न निम्नलिखित हैं।

1. माणिक के उपरत्न-सूर्यकान्त मणि, ताम्र मणि या तामड़ा, लालड़ी।
2. मोती के उपरत्न-चन्द्रकान्त मणि, गजमुक्ता, शंखमुक्ता, जिरकन।
3. मूँगा के उपरत्न-विद्रूम मणि, यमनी, अकीक।
4. पन्ना के उपरत्न-बेरुज (Aquamarine), हरित मणि, मरगज, संग पन्ना।
5. पुखराज के उपरत्न-सुनैला (Golden Topaz), केसरी, धुनैला, केरु, हकीक।
6. हीरा के उपरत्न-विक्रान्त (Zircon), कुरंगी, दांतला, सिम्मा, ओपल।
7. नीलम के उपरत्न-नीली, जमुनिया, कटैला (Amethyst), लाजवर्त।
8. गोमेद के उपरत्न- तुरसावा (Zircon), साफी।
9. लहसुनिया के उपरत्न-अलक्षेन्द्र, व्याघ्राक्ष, फिरोजा (Turquoise), गोदन्ती।

नोट : आगे दिये कुछ उपरत्न बड़े उपयोगी और लाभप्रद होते हैं। इन्हें अँगूठी में जड़वाकर शुक्ल पक्ष में निश्चित तिथी, वार, नक्षत्र में पहने। किसी भी पंचाग से तिथि, नक्षत्र नोट कर ले। अनिष्टकारी ग्रह से शान्ति मिलेगी। निश्चय ही सुख मिलेगा।

1. पन्ना का उपरत्न बेरुज (Aquamarine) -पारिवारिक सुख।
2. पुखराज का उपरत्न सुनैला (Golden Topaz) - पुत्र प्राप्ति व मानसिक शान्ति।

3. हीरा का उपरत्न दूधिया या पोलकी (Opal) – जीवनसाथी का सुख।
4. हीरा का उपरत्न जिरकन (Zircon) – पराक्रम व धनलाभ।
5. नीलम का उपरत्न कटैला (Amethyst) – मुकदमे में सफलता।
6. लहसुनिया का उपरत्न फिरोजा (Turquoise) - दुर्भाग्य व दुर्घटना से बचाव।

लग्नानुसार ग्रह रत्न धारण करना व लाभ

मेष लग्न

मेष लग्न में मंगल लग्नेश व अष्टमेश होता है। मित्र ग्रह चन्द्र चतुर्थेश, सूर्य पंचमेश, गुरु नवमेश व द्वादशेश होते हैं। अत: इनके रत्न पहने जा सकते हैं। इनके निम्नलिखित लाभ होते हैं। पापग्रह शनि दशमेश व एकादशेश होता है। सुयोग्य ज्योतिषी की सलाह से शनि की स्थिति व दशा अनुसार नौकरी/व्यवसाय में सफल होने के लिये नीलम भी पहना जा सकता है। पन्ना, हीरा धारण न करें।

1. मंगल रत्न मूँगा पहनने से जातक स्वस्थ रहता है। आयु में वृद्धि होती है। बुद्धि तीव्र होती है। यश मिलता है। जातक धनी होता है। जीवन को हर प्रकार सक्षम रखने के लिये मूँगा धारण करना लाभकारी रहता है।

2. चन्द्र रत्न धारण करने से मानसिक शान्ति, भूमि, मकान, वाहन सुविधा, मातृसुख, पिता की आयु में वृद्धि और विद्या की प्राप्ति होती है। जातक जनप्रिय होता है।

3. सूर्य रत्न माणिक्य पहनने से हृदय को बल मिलता है और बुद्धि तीव्र होती है। संतान सुख, सत्ता सुख और ईश कृपा मिलती है।

4. गुरु रत्न पहनने से पिता का प्यार व आशीर्वाद मिलता है। भाग्योदय होता है। धनलाभ और उच्च शिक्षा की प्राप्ति होती है। जातक की धर्म में आस्था बढ़ती है।

5. मेष लग्न वाले जातक/जातिका उपरोक्त रत्नों के अलावा अन्य रत्न धारण न करें। रत्न या रत्नों की एक ही अँगूठी पहनना शुभ माना गया है।

वृष लग्न

वृष लग्न में शुक्र लग्नेश व षष्ठेश होता है। मित्र ग्रह बुध द्वितीयेश व पंचमेश, राजयोगकारक शनि नवमेश व एकादशेश होते हैं। अत: इनके रत्न ही पहने जा सकते हैं। इनके निम्नलिखित लाभ होते हैं। अन्य किसी ग्रह के रत्न धारण न करें, अन्यथा हानि हो सकती है।

1. शुक्र रत्न हीरा पहनने से जातक का शरीर कान्तिमय रहता है। परिवार से सुख मिलता है। आर्थिक स्थिति अच्छी होती है। भोग सामग्री घर में आती है। शत्रुबाधा दूर होती है। गले व नेत्र रोगों का शमन होता है।

2. बुध रत्न पन्ना धारण करने से उत्तम विद्या की प्राप्ति, परीक्षाओं में सफलता मिलती है। वाणी दोष का शमन होता है। आकस्मिक धनलाभ होता है। पारिवारिक सुख व संतान सुख मिलता है।

---

3. शनि रत्न नीलम पहनने से राज्य सुख की प्राप्ति होती है। कर्म फलते है। जातक के सौभाग्य की वृद्धि होती है। पिता के स्वास्थ्य व आयु की वृद्धि करता है।

4. हीरा, पन्ना व नीलम को सर्वकार्यसिद्धि हेतु संयुक्त रुप से एक ही अँगूठी में जड़वाकर भी पहन सकते हैं।

5. वृष लग्न वाले जातक/जातिका उपरोक्त रत्नों के अलावा अन्य रत्न धारण न करें। रत्न या रत्नों की एक ही अँगूठी पहनना शुभ माना गया है।

मिथुन लग्न

मिथुन लग्न में बुध लग्नेश व चतुर्थेश होता है। मित्र ग्रह शुक्र पंचमेश व द्वादशेश, शनि अष्टमेश व नवमेश होते हैं। अत: इनके रत्न पहने जा सकते हैं। इनके निम्नलिखित लाभ होते हैं। अन्य किसी ग्रह के रत्न धारण न करें, अन्यथा हानि हो सकती है।

1. बुध रत्न पन्ना पहनने से जातक को भूमि, मकान, वाहन सुविधा, आकस्मिक धनलाभ और उत्तम बुद्धि व विद्या की प्राप्ति होती है। शरीर सुन्दर व सुकोमल होता है। मस्तिष्क के रोगों का शमन करता है। समाज में सहयोग व मान–सम्मान मिलता है।

2. शुक्र रत्न हीरा धारण करने से शीघ्र विवाह, परिवार का सहयोग, संतान सुख और उत्तम बुद्धि-विद्या प्राप्त होती है। आर्थिक स्थिति सुदृढ़ होती है। स्वास्थ्य में सुधार व भाग्योदय होता है।

3. शनि रत्न नीलम पहनने से जातक के सौभाग्य की वृद्धि होती है। वह दीर्घायु होता है। राज्य कृपा व धर्म मे रुचि बढ़ेगी।

4. पन्ना, हीरा व नीलम को संयुक्त रुप से भी पहनने पर जमीन-जायदाद का सुख मिलता है। भाग्योदय होता है।

5. मिथुन लग्न वाले जातक/जातिका उपरोक्त रत्नों के अलावा अन्य रत्न धारण न करें। रत्न या रत्नों की एक ही अँगूठी पहनना शुभ माना गया है।

कर्क लग्न

कर्क लग्न में चन्द्र लग्नेश होता है। मित्र ग्रह राजयोगकारक मंगल पंचमेश व दशमेश, गुरु षष्ठेश व नवमेश होते हैं। अत: इनके रत्न पहने जा सकते हैं। इनके निम्नलिखित लाभ होते हैं। शुक्र चतुर्थेश व एकादशेश होता है। सुयोग्य ज्योतिषी की सलाह से ही शुक्र की स्थिति अनुसार भूमि, वाहन व धन लाभ के लिये हीरा भी पहना जा सकता है। माणिक्य, पन्ना, नीलम धारण न करें।

1. चन्द्र रत्न मोती आजीवन धारण करने से मानसिक शान्ति बनी रहती है। स्वास्थ्य उत्तम रहता है। आयु में वृद्धि होती है। रक्त दोष दूर होते हैं। परोपकार की भावना जाग्रत होती है। पुत्र का भाग्य चमकता है। स्त्री जातक के योनि के रोग शमन होते हैं।

2. मंगल रत्न मूँगा पहनने से जातक को राजनीतिक लाभ, धन, पद, मान मिल सकता है। संतान सुख की प्राप्ति व व्यवसाय में वृद्धि होती है। जातक की सूझ-बूझ में वृद्धि होती है।
3. गुरु रत्न पहनने से भाग्योदय होता है। धर्म में आस्था और विश्वास कायम रहता है। राज्य कृपा व धन की वृद्धि होती है।
4. शुक्र रत्न हीरा पहनने से भूमि, मकान, वाहन सुविधा और व्यापार से आकस्मिक धन लाभ मिल सकता है। रक्तदोष दूर होते हैं।
5. कर्क लग्न वाले जातक/जातिका उपरोक्त रत्नों के अलावा अन्य रत्न धारण न करें। रत्न या रत्नों की एक ही अँगूठी पहनना शुभ माना गया है।

सिंह लग्न

सिंह लग्न में सूर्य लग्नेश होता है। मित्र ग्रह राजयोगकारक मंगल चतुर्थेश व नवमेश, बुध द्वितीयेश व एकादशेश, गुरु पंचमेश व अष्टमेश होते हैं। अतः इनके रत्न पहने जा सकते हैं। बुध रत्न पन्ना केवल आय में वृद्धि के लिये ही पहनें। गुरु रत्न पुखराज गुरु के पंचम भाव में होने पर ही धारण करें। मोती, हीरा, नीलम धारण न करें।

1. सूर्य रत्न माणिक्य पहनने से उत्साह व आत्मविश्वास में वृद्धि होती है। राज्य लाभ, शत्रुनाश, आयु में वृद्धि, कार्य/वयवसाय में उन्नति व समाज में कीर्ति होती है। हृदय, हड्डी व नेत्र रोगों में आराम मिलता है। पाचनशक्ति में वृद्धि होती है।
2. मंगल रत्न मूँगा पहनने से जातक को भूमि, भवन, वाहन सुविधा मिलती है। उत्तम विद्या की प्राप्ति और भाग्योदय कराता है। राज्यकृपा व पदोन्नति होती है।
3. बुध रत्न पन्ना केवल आय में वृद्धि के लिये पहन सकते हैं। इसके पहनने से भाषण देने की कला भी निखरती है।
4. गुरु रत्न पुखराज पहनने से संतान सुख में वृद्धि होती है और उतम शिक्षा का लाभ मिलता है।
5. सिंह लग्न वाले जातक/जातिका उपरोक्त रत्नों के अलावा अन्य रत्न धारण न करें। रत्न या रत्नों की एक ही अँगूठी पहनना शुभ माना गया है।

कन्या लग्न

कन्या लग्न में बुध लग्नेश व दशमेश होता है। मित्र ग्रह शुक्र द्वितीयेश व नवमेश होते हैं। अतः इनके रत्न पहने जा सकते हैं। इनके धारण करने से निम्नलिखित लाभ होते हैं। गुरु सप्तमेश के लाभ दे सकता है। अन्य किसी ग्रह के रत्न धारण न करें, अन्यथा अत्यधिक हानि हो सकती है।

1. बुध का रत्न पन्ना पहनने से उत्तम स्वास्थ्य सुख, आयुवृद्धि, व्यापार/व्यवसाय में लाभ, राज्य सुख, अच्छा पद व पदोन्नति होती है। अंतड़ियों की पीड़ा व हरनिया के रोग दूर होते हैं।

2. शुक्र का रत्न हीरा धारण करने से कुटुम्ब का प्यार, राज्य कृपा, धन का लाभ और भाग्योदय की प्राप्ति होती है। गीत-संगीत कला निखरती है।
3. गुरु का रत्न पुखराज पहनने से सुख सामग्री का लाभ हो सकता है। स्त्री जातक के शीघ्र विवाह/वैवाहिक जीवन के सुख हेतु ठीक रहता है।
4. पन्ना, हीरा व नीलम को संयुक्त रुप से सर्वकार्यसिद्धि के लिये एक ही अँगूठी में जड़वाकर पहन सकते हैं।
5. कन्या लग्न वाले जातक/जातिका उपरोक्त रत्नों के अलावा अन्य रत्न धारण न करे। रत्न या रत्नों की एक ही अँगूठी पहनना शुभ माना गया है।

तुला लग्न

तुला लग्न में शुक्र लग्नेश व अष्टमेश होता है। मित्र ग्रह बुध नवमेश व द्वादशेश, राजयोगकारक शनि चतुर्थेश व पंचमेश होते हैं। अतः इनके रत्न ही पहने जा सकते हैं। इनके निम्नलिखित लाभ होते हैं। अन्य किसी ग्रह के रत्न धारण न करें, अन्यथा हानि हो सकती है।

1. शुक्र रत्न हीरा पहनने से जातक शरीर से सुन्दर व स्वस्थ रहता है। दीर्घायु करता है। आर्थिक स्थिति अच्छी होती है।
2. बुध रत्न पन्ना धारण करने से भाग्योदय वृद्धि, राज्यकृपा, धनलाभ और उत्तम विद्या की प्राप्ति होती है। यज्ञ-हवन में रुचि होती है।
3. शनि रत्न नीलम पहनने से जमीन- जायदाद का सुख, शेयर-लाटरी लाभ, राजनीति में दखल, प्रेम प्रसंग व संतान सुख की प्राप्ति होती है।
4. हीरा, पन्ना व नीलम को सर्वकार्यसिद्धि यथा भूमि, भवन, संतान सुख, भाग्योदय हेतु संयुक्त रुप से भी पहन सकते हैं।
5. तुला लग्न वाले जातक/जातिका उपरोक्त रत्नों के अलावा अन्य रत्न धारण न करें। रत्न या रत्नों की एक ही अँगूठी पहनना शुभ माना गया है।

वृश्चिक लग्न

वृश्चिक लग्न में मंगल लग्नेश व षष्ठेश होता है। मित्र ग्रह सूर्य दशमेश, चन्द्र नवमेश, गुरु द्वितीयेश व पंचमेश होते हैं। अतः इनके रत्न धारण किये जा सकते हैं। इनके निम्नलिखित लाभ होते हैं। पापग्रह शनि तृतीयेश व चतुर्थेश होता है। सुयोग्य ज्योतिषी की सलाह से शनि की स्थिति अनुसार जमीन-जायदाद, मान-सम्मान व प्रतिष्ठा हेतु नीलम भी पहना जा सकता है। हीरा, पन्ना धारण न करें।

1. मंगल रत्न मूँगा पहनने से जातक स्वस्थ रहता है। शत्रुजीत होता है। जीवन की हर सफलता के लिये मूँगा लाभकारी रहता है। रक्तदोष व बबासीर रोग में आराम मिलता है। पिता का भाग्योदय होता है।
2. सूर्य रत्न माणिक्य पहनने से नौकरी/व्यापार/व्यवसाय में उन्नति/प्रगति होती है। राज्यसता में सहयोग एवं पितृधन में वृद्धि करता है। मान-सम्मान दिलाता है।

3. चन्द्र रत्न मोती धारण करने से मानसिक शान्ति की प्राप्ति व धर्म में रुचि होती है। भाग्योदय होता है।
4. गुरु रत्न पुखराज पहनने से धनलाभ और संतान सुख की प्राप्ति होती है।
5. वृश्चिक लग्न वाले जातक/जातिका उपरोक्त रत्नों के अलावा अन्य रत्न धारण न करें। रत्न या रत्नों की एक ही अँगूठी पहनना शुभ माना गया है।

धनु लग्न

धनु लग्न में गुरु लग्नेश व चतुर्थेश होता है। मित्र ग्रह सूर्य नवमेश, मंगल पंचमेश व द्वादशेश होते हैं। अतः इनके रत्न धारण किये जासकते हैं। इनके निम्नलिखित लाभ होते हैं। राज्य कृपा, व्यापार वृद्धि व धर्म में रुचि हेतु पन्ना पहन सकते हैं। मोती, हीरा, नीलम धारण न करें।

1. गुरु रत्न पुखराज पहनने से जातक स्वस्थ रहता है। उसका आत्मविश्वास निखरता है। जीवन में जमीन-जायदाद आदि का सुख मिलता है। सात्विक कर्म करने की प्रेरणा देता है।
2. सूर्य रत्न माणिक्य पहनने से भाग्योदय होता है। धर्म में रुचि जाग्रत होती है।
3. मंगल रत्न मूँगा धारण करने से ईश कृपा, मानसिक शान्ति व संतान सुख की प्राप्ति होती है। जातक का खेलों में रुझान होता है।
4. बुध का रत्न पन्ना धारण करने से राजकीय सहायता मिलती है। व्यापार वृद्धि होती है। धर्म में रुचि बलान्वित होती है।
5. धनु लग्न वाले जातक/जातिका उपरोक्त रत्नों के अलावा अन्य रत्न धारण न करें। रत्न या रत्नों की एक ही अँगूठी पहनना शुभ माना गया है।

मकर लग्न

मकर लग्न में शनि लग्नेश व द्वितीयेश होता है। मित्र ग्रह बुध षष्ठेश व नवमेश, राजयोगकारक शुक्र पंचमेश व दशमेश होते हैं। अतः इनके रत्न ही पहने जा सकते हैं। इनके निम्नलिखित लाभ होते हैं। अन्य किसी ग्रह के रत्न उनकी सही भाव स्थिति होने पर ही धारण करें, अन्यथा कोई हानि हो सकती है।

1. शनि रत्न नीलम पहनने से जातक का शरीर स्वस्थ रहता है। आर्थिक स्थिति अच्छी होती है। मिष्ठभाषी व दीर्घायु करता है।
2. बुध के शुभ स्थिति में होने पर बुध के रत्न पन्ना धारण करने से भाग्योदय वृद्धि, उत्तम विद्या की प्राप्ति और धर्म के प्रति रुचि में वृद्धि होती है।
3. शुक्र रत्न हीरा पहनने से व्यापार/व्यवसाय में उन्नति/प्रगति, राजनीति में दखल, संतान सुख व ईश कृपा की प्राप्ति होती है।
4. मंगल के केन्द्र/त्रिकोण में होने पर मूँगा धारण करने से भूमि, भवन व वाहन सुख मिल सकता है। हीरा व नीलम को व्यवसाय सुदृढ़ करने हेतु संयुक्त रुप से भी पहन सकते हैं।

5. मकर लग्न वाले जातक/जातिका उपरोक्त रत्नों के अलावा अन्य रत्न धारण न करें। रत्न या रत्नों की एक ही अँगूठी पहनना शुभ माना गया है।

कुम्भ लग्न

कुम्भ लग्न में शनि लग्नेश व द्वादशेश होता है। मित्र ग्रह राजयोगकारक शुक्र चतुर्थेश व नवमेश होता हैं। अत: इसका रत्न ही पहना जा सकता है। इनके निम्नलिखित लाभ होते हैं। अन्य किसी ग्रह के रत्न धारण न करें, अन्यथा हानि हो सकती है।

1. शनि रत्न नीलम पहनने से जातक का शरीर स्वस्थ रहता है। उसका आत्मविश्वास बढ़ता है। आर्थिक स्थिति अच्छी होती है। व्यय भार कम होता है। पुत्र की आयु व भाग्य में वृद्धि होती है। स्नायुतन्त्र, टांगों व पैरों को बल मिलता है।

2. शुक्र रत्न हीरा पहनने से जमीन-जायदाद का सुख, वाहन लाभ, उत्तम भाग्योदय की प्राप्ति होती है।

3. मंगल के केन्द्र/त्रिकोण में होने पर कार्य व्यवसाय के विस्तार हेतु मूँगा धारण किया जा सकता है।

4. नीलम व हीरा को सर्वकार्यसिद्धि यथा स्वास्थ्य, भूमि, भवन, संतान सुख, भाग्योदय हेतु संयुक्त रुप से भी पहन सकते हैं।

5. कुम्भ लग्न वाले जातक/जातिका उपरोक्त रत्नों के अलावा अन्य रत्न धारण न करें। रत्न या रत्नों की एक ही अँगूठी पहनना शुभ माना गया है।

मीन लग्न

मीन लग्न में गुरु लग्नेश व दशमेश होता है। मित्र ग्रह चन्द्र पंचमेश, मंगल द्वितीयेश व नवमेश होते हैं। अत: इनके रत्न ही पहने जा सकते हैं। इनके निम्नलिखित लाभ होते हैं। अन्य किसी ग्रह के रत्न धारण न करें, अन्यथा हानि हो सकती है।

1. गुरु रत्न पुखराज पहनने से जातक का शरीर से सुन्दर, स्वस्थ व तेजस्वी रहता है। राज्य कृपा से आर्थिक स्थिति अच्छी होती है। व्यवसाय में वृद्धि होती है। शुभ कर्म करने की प्रवृति होती है और मान-सम्मान व सुयश मिलता है।

2. चन्द्र रत्न मोती धारण करने से संतान का सुख, राजनीतिक लाभ और ईश कृपा प्राप्ति होती है।

3. मंगल रत्न मूँगा पहनने से पारिवारिक सुख व शान्ति, आर्थिक लाभ की प्राप्ति होती है। भाग्योदय होता है। वाणी दोष दूर होते हैं।

4. पुखराज व मोती या मोती व मूँगा को संयुक्त रुप से भी पहनने पर सर्वकार्यसिद्धि यथा धनलाभ, उतम विद्या, भाग्योदय होता है।

5. मीन लग्न वाले जातक/जातिका उपरोक्त रत्नों के अलावा अन्य रत्न धारण न करें। रत्न या रत्नों की एक ही अँगूठी पहनना शुभ माना गया है।

नोट : सभी प्रकार के रत्न 3 से 5 वर्ष तक की अवधि के लिये अधिक प्रभावशाली होते हैं। कितने भार का रत्न किस धातु की अँगूठी में जड़वाकर किस अँगुली में और कब धारण करे? नीचे राशि/ग्रह शुभ रत्न सम्बन्धी सारिणी दी जा रही है।

राशि/ग्रह शुभ रत्न भार, धातु, वार, अंग, समय धारण सारिणी - अ

क्र.	राशि	राशि स्वामी	शुभ राशि रत्न बहुमूल्य राशि रत्न	अल्पमोली राशि रत्न	न्यूनतम भार	धातु	धारण वार	धारण अँगुली	धारण समय
1.	सिंह	सूर्य	माणक	ताम्रमणि	3 कैरट	सोना	रविवार	अनामिका	प्रातः
2.	कर्क	चन्द्र	मोती	चन्द्रमणि	3 कैरट	चाँदी	सोमवार	कनिष्टका	प्रातः
3.	मेष और वृश्चिक	मंगल	मूँगा	विद्रूममणि	6 कैरट	चाँदी	मंगलवार	अनामिका	प्रातः
4.	मिथुन और कन्या	बुध	पन्ना	बेरुज	4 कैरट	सोना	बुधवार	कनिष्टका	प्रातः
5.	धनु और मीन	गुरु	पीत पुखराज	सुनैला	4 कैरट	सोना	गुरुवार	तर्जनी	प्रातः
6.	वृष और तुला	शुक्र	हीरा	ओपल	1/4 कैरट	चाँदी/ प्लेटीनम	शुक्रवार	अनामिका	प्रातः
7.	मकर और कुम्भ	शनि	नीलम	कटैला	4 कैरट	पंचधातु/ चाँदी	शनिवार	मध्यमा	संध्याकाल
8.	कन्या	राहु	गोमेद	तुरसावा	5 कैरट	अष्टधातु/ चाँदी	बुधवार	मध्यमा/ अनामिका	सूर्यास्त
9.	मीन	केतु	लहसुनिया	गोदन्ती	6 कैरट	चाँदी	गुरुवार	मध्यमा/ अनामिका	सूर्यास्त

विशेष रोग/बीमारी एवं सम्बन्धित ग्रह रत्न

वर्तमान समय में बदलते खान-पान ने समाज में अनेकानेक रोगों/बीमारियों को जन्म दिया है। बहुत सी बीमारियाँ दीर्घकालीन होती हैं। इनके समाधान हेतु दो मित्र राशियों/ग्रहों के रत्न की भी एक अँगूठी बनवाकर पहनी जा सकती हैं। इससे रोग में कमी हो सकेगी और जातक को आराम मिलेगा। नीचे विशेष रोगों/बीमारियों के लिये पहने जाने वाले शुभ रत्नों के नाम, भार, धातु व धारण करने के वार की सारिणी का अवलोकन करें।

विशेष रोगों/बीमारियों हेतु लाभकारी रत्न सारिणी-ब

क्र.	विशेष रोग/बीमारियाँ	धारक रत्न व भार	धातु	धारण वार
1.	गठिया वायु	लाल मूँगा 9 रती, पीत पुखराज 5 रती	सोना	मंगलवार/गुरुवार
2.	दमा या अस्थमा	पन्ना 6 रती, पीत पुखराज 5 रती	सोना	बुधवार/गुरुवार
3.	शोथ या पार्श्वशूल	लाल मूँगा 6 रती, पीत पुखराज 5 रती	सोना	मंगलवार/गुरुवार
4.	अल्पदृष्टि या चौंधापन	लाल मूँगा 6 रती, श्वेत मोती 6 रती	चाँदी	मंगलवार/सोमवार
5.	अन्धापन	माणिक्य 6 रती, श्वेत मोती 6 रती	सोना	रविवार/सोमवार
6.	रक्तचाप	श्वेत मोती 6 रती	चाँदी	सोमवार/गुरुवार
7.	अम्लपित, टी.बी., शुगर	माणिक्य 6 रती, श्वेत मोती 6 रती	त्रिधातु	रविवार/सोमवार
8.	मिरगी	श्वेत मोती 6 रती	चाँदी	सोमवार/गुरुवार
9.	चर्मरोग	लाल मूँगा 9 रती, लहसुनिया 6 रती	पंचधातु	मंगलवार/गुरुवार
10.	बदहजमी	पन्ना 5 रती, गोमेद 6 रती	त्रिधातु	बुधवार/शनिवार
11.	हृदय रोग	लाल मूँगा 6 रती, माणिक्य 6 रती	सोना	मंगलवार/रविवार
12.	नासूर या गाँठ	पीत पुखराज 5 रती	सोना	मंगलवार/गुरुवार
13.	प्रजनन सम्बन्धी रोग	हीरा 1/2 रती या नीलम 3 रती	सोना	शुक्रवार/शनिवार
14.	मन्दबुद्धि	पन्ना 5 रती, श्वेत मोती 6 रती	त्रिधातु	बुधवार/सोमवार
15.	गुर्दे व जिगर के रोग, बहुमूत्र, गिल्टी	पीत पुखराज 6 रती, श्वेत मोती 6 रती	सोना	गुरुवार/सोमवार
16.	फुंसी, फोड़ा, बबासीर	लाल मूँगा 6 रती	चाँदी	मंगलवार/गुरुवार
17.	नाड़ी संस्थान में अवरोध	पन्ना 5 रती	सोना	बुधवार/गुरुवार

18.	कोढ़ या श्वेत कुष्ठ	हीरा 1/2 रती	सोना	शुक्रवार/गुरुवार
19.	पाण्डु रोग, प्रदर, संग्रहणी,	लहसुनिया 6 रती	पंचधातु	मंगलवार/गुरुवार
20.	नींद न आना	गोमेद 6 रती	पंचधातु	शनिवार/बुधवार
21.	हड्डी टूटना	माणिक्य 6 रती	सोना	रविवार/गुरुवार

7. रुद्राक्ष फल

उपरोक्त के पश्चात अब रुद्राक्ष फल को लेते हैं। विशेष प्रकार के रुद्राक्ष फल व्यक्ति को शारीरिक रूप से स्वस्थ, मानसिक रूप से विवेकशील और आर्थिक रूप से धनी करते हैं। रुद्राक्ष की उत्पति के बारे में कहा जाता है कि दीर्घकालीन तपस्या के बाद, जब रुद्र, अर्थात् शिव ने अपनी आँखें खोलीं, तो उनके अश्रु पृथ्वी पर ढुलक गये। जहाँ भी अश्रु गिरे, वहां रुद्राक्ष के वृक्ष पैदा हुए और रुद्राक्ष फल मिला। रुद्राक्ष मूलतः एक जंगली फल है। इसकी पैदावार समुद्रतल से लगभग 6000 से 7000 फीट की ऊँचाई वाले पर्वतीय व पठारी क्षेत्रों में होती है। इनके पेड़ घने और ऊँचे होते हैं। इनकी ऊँचाई 50 से 200 फीट तक होती है। इनके पत्ते 3 से 6 इंच लम्बे होते हैं। रुद्राक्ष फल का स्वाद कुछ मीठा, थोड़ा कसैला व खटास भरा होता है। पक्षियों में नीलकण्ठ इसे बड़े चाव से खाता है।

रुद्राक्ष मुख

रुद्राक्ष फल के दाने गोल होते हैं। रुद्राक्ष फल के उभरे गोल दानों पर एक से इक्कीस तक की रेखाएँ बनी हो सकती हैं। यह रेखाएँ ही रुद्राक्ष फल का मुख कहलाती हैं। रुद्राक्ष या रुद्राक्ष की माला पास रखने से सभी प्रकार के रोग और बाधाएँ दूर हो जाती हैं। लक्ष्मी जी की असीम कृपा होती है। जीवन में सुख-समृद्धि एवं सफलता मिलती है। जीवन सानन्द और शान्तिपूर्वक व्यतीत होता है। अन्त में मोक्ष प्राप्त होती है। आजकल पाँचमुखी और छःमुखी रुद्राक्ष अधिक पाये जाते हैं। इन्हें छोड़कर एकमुखी रुद्राक्ष से चौदहमुखी रुद्राक्ष भी बाजार में मिल जाते हैं। पन्द्रहमुखी से इक्कीस मुखी तक के असली रुद्राक्ष बड़ी कठिनाई सें मिलते हैं।

भारत में रुद्राक्ष

भारत में रुद्राक्ष मुख्यतः हिमालय के पर्वतीय क्षेत्रों, असम, अरुणाचल के जंगलों, सिक्किम, उतरांचल में हरिद्वार, गढ़वाल, देहरादून के पर्वतीय भागों में, हिमाचल प्रदेश में परवानू में, उत्तरकाशी में गंगोत्री व यमुनोत्री क्षेत्र में, बिहार व मध्य प्रदेश के पठारी भागों में, दक्षिणी भारत में नीलगिरी, मैसूर, अन्नामलै और तामिलनाडु में रामेश्वरम में पाये जाते हैं। नेपाल के धरान, ढ़ीगला आदि क्षेत्र में सबसे बड़े आकार का उतम किस्म का रुद्राक्ष पाया जाता है। अब बाजार में नकली रुद्राक्ष बनने एवं

बिकने लगे हैं। नकली रुद्राक्ष रखने का कोई लाभ नहीं होता है। अत: जाँच-पड़ताल करके असली रुद्राक्ष ही लेने चाहिए। नौमुखी रुद्राक्ष तक की संक्षिप्त लाभ सारिणी नीचे दी गयी है। पूर्ण विधि-विधान से रुद्राक्ष की पूजा करके, मन्त्र द्वारा प्रतिष्ठित करके आस्था एवं विश्वास के साथ रुद्राक्ष धारण करने या अपने पास रखने से सवा महीने में लाभ मिलने की पूर्ण संभावना होती है।

रुद्राक्ष की पहचान

शुद्ध, श्रेष्ठ रुद्राक्ष फल वह होता है, जो पूर्णरुपेण एक समान आकृति का हो, खण्डित न हो, तथा रक्तिम आभायुक्त कत्थई रंग का हो। रुद्राक्ष का श्रेष्ठ पका हुआ फल जल में डूब जाता है, जबकि कच्चा या नकली बनाया हुआ फल जल में नहीं डूबता है। स्मरण रहे कि रुद्राक्ष का श्रेष्ठ पका हुआ फल ही उपयोगी होता है और उसी का ही चमत्कारी प्रभाव देखने में आता है। अनिष्ट ग्रह का निश्चित मुखवाला पका हुआ रुद्राक्ष फल या जन्मलग्न अनुसार निश्चित मुख वाला पका हुआ रुद्राक्ष फल धारण करना श्रेष्ठ कहा गया है। श्रेष्ठ रुद्राक्ष फल धारण करने का फल भी श्रेष्ठ होता है।

रुद्राक्ष की विशेषताएँ

रुद्राक्ष फल के मुखानुसार प्रत्येक रुद्राक्ष की अपनी अलग-अलग विशेषतायें होती हैं। आगे 21 प्रकार रुद्राक्ष फलों की विशेषतायें दी जा रही हैं।

1. एकमुखी रुद्राक्ष

यह साक्षात शिव स्वरुप है। यह सर्वसिद्धिदाता, धर्म-अर्थ-काम-मोक्ष प्रदाता है। यह ब्रह्महत्या के पाप का शमन करता है। ज्योतिषीय दृष्टिकोण से सूर्य इस रुद्राक्ष का शासक है। सूर्य के शुभ फलों में वृद्धि करता है और अशुभ फलों से मुक्ति दिलाता है। यह जातक को ऊर्जा देता है। उसके बल-पौरुष में वृद्धि करता है। उसकी इच्छापूर्ति एवं सर्वकार्यसिद्धि करता है। उसे नेत्र लाभ होता हैं और भक्ति-मुक्ति प्राप्त होती है। इसे रविवार को धारण करें।

2. दोमुखी रुद्राक्ष

यह देवी पार्वती एवं देवता शिव अर्थात् अर्द्धनारीश्वर का स्वरुप है। यह गौवध जैसे पाप से मुक्ति दिलाता है। वैभव बढ़ाता है और मुक्ति का मार्ग प्रशस्त करता है। शरीर की अनेकानेक व्याधियाँ दूर करता है। ज्योतिषीय दृष्टिकोण से चन्द्र इस रुद्राक्ष का शासक है। यह मिष्ठभाषी बनाता है। जातक के बुद्धि-विवेक में वृद्धि करता है। उसमें उदारता एवं व्यवहारकुशलता उत्पन्न करता है। व्यापार में लाभ पहुँचाता है। जातक आस्तिक होता है। इसे सोमवार को धारण करें।

3. तीनमुखी रुद्राक्ष

यह साक्षात अग्नि देव स्वरुप है। यह नारी हत्या जैसे पाप से मुक्ति दिलाता

है। ज्योतिषीय दृष्टिकोण से मंगल इस रुद्राक्ष का शासक है। यह बल, पराक्रम साहस बढ़ाता है। दृढ़ता व लड़ाकू प्रवृत्ति पैदा करता है। खेल प्रवृति जाग्रत करता है। भौतिकता से परे पृथ्वी, आकाश, पाताल सभी इसके क्षेत्र हैं। ब्रह्मशक्ति व सुख-समृद्धि दिलाता है। यह रक्तचाप नियंत्रित करता है और रक्त विकार दूर करता है। इसे मंगलवार को धारण करें।

4. चारमुखी रुद्राक्ष

यह साक्षात सृष्टि रचनाकार चतुर्मुखी ब्रह्मा का स्वरुप है। यह नर हत्या जैसे पाप से मुक्ति दिलाता है। ज्योतिषीय दृष्टिकोण से बुध इस रुद्राक्ष का शासक है। यह अभीष्ट सिद्धिदायक गुणकारी रुद्राक्ष है। यह बुद्धि, विद्या, ज्ञान, स्मरणशक्ति व मानसिक बल में वृद्धि करता है। वाणी संयमित करता है और सात्विक विचारों में वृद्धि करता है। स्नायुतंत्र दुर्बलता, मानसिक रोग पीड़ा व चर्मरोग से मुक्ति दिलाता है। धर्म के प्रति आस्था बढ़ाता है। इसे बुधवार को धारण करें।

5. पाँचमुखी रुद्राक्ष

यह साक्षात सृष्टि रचनाकार पंचमुखी ब्रह्मा का स्वरुप है। यह परदारा गमन व अभक्ष्य भोजन के कष्ट से मुक्ति दिलाता है। ज्योतिषीय दृष्टिकोण से गुरु इस रुद्राक्ष का शासक है। यह स्वास्थ्यवर्द्धक, आयुवर्द्धक, दारिद्रयनाशक, सर्वकल्याणकारी, पुण्यप्रदायक व अभीष्ट सिद्धिदायक रुद्राक्ष है। यह शास्त्रज्ञानी, नीतिनिपुण, न्यायप्रिय, आशावादी बनाता है। यश और मान-सम्मान दिलाता है। जांघ व लीवर के रोगों को शान्त करता है। अन्त में मोक्ष लाभ कराता है। इसे गुरुवार को धारण करें।

6. छहमुखी रुद्राक्ष

यह साक्षात शिवपुत्र भगवान कार्तिकेय का स्वरुप है। यह शत्रुओं पर विजय दिलाता है। ज्योतिषीय दृष्टिकोण से शुक्र इस रुद्राक्ष का शासक है। यह काम, क्रोध, लोभ, मोह, मद व मत्सर पर नियंत्रण रखता है। ब्रह्महत्या से बचाता है। यह विनम्र, दयालु, कलाप्रिय, वाकपटु, कुशाग्र बुद्धि, असीम धनी व सर्वप्रिय बनाता है। आत्मशक्ति व संकल्पशक्ति बढ़ाता है। विद्या प्राप्ति मे सफलता दिलाता है। यौन शक्ति देता है व दाम्पत्य जीवन सुखी रहता ह। उत्तम संतान प्राप्ति होती है। हृदय, नेत्र व चर्मरोग दूर करता है। इसे शुक्रवार को धारण करें।

7. सातमुखी रुद्राक्ष

यह साक्षात कामदेव का स्वरुप है। इसे धारण करने से गौवध जैसे पाप से मुक्ति मिलती है। यह जातक को अहंकार से बचाता है। सप्तऋषियों का प्रतीक व सात माताओं का मिश्रित स्वरुप माना जाता है। ज्योतिषीय दृष्टिकोण से शनि इस रुद्राक्ष का शासक है। यह संन्यासवृत्ति देता है। ध्यानमग्न रखता है। अध्यात्मिक सुख में वृद्धि करता है। निरोगी जीवन, नौकरी में सफलता/व्यापार में वृद्धि और सुख-समृद्धि लाता है। प्रतिष्ठा बढ़ाता है। समस्त वातरोगों से छुटकारा दिलाता है। इस रुद्राक्ष को शनिवार धारण करें।

8. आठमुखी रुद्राक्ष

यह रुद्राक्ष साक्षात बटुक भैरव जी का स्वरुप है। इसके धारण करने से अनेकानेक पापों से मुक्ति मिलती है तथा अंत में परम पद प्राप्त होता है। इसे धारण करने पर आठ देवियाँ जातक की रक्षा करती हैं। समाज में मान-सम्मान मिलता है। दीर्घकालीन असाध्य रोगों से मुक्ति मिलती है। राहु के अशुभ/अनिष्टकारी कष्टों का शमन होता है। जातक सत्य व अहिंसा का पुजारी होता है। यह आकस्मिक धनलाभ एवं देश-विदेश यात्र कराता है। इसे बुधवार के दिन पहने।

9. नौमुखी रुद्राक्ष

यह रुद्राक्ष साक्षात गणपति का स्वरुप है। इसके धारण करने से माता भगवती देवी जातक को शक्ति प्रदान करती हैं। इसे नवग्रहों, नवनाथों व नवधा भक्ति का प्रतीक माना जाता है। यह अनेकानेक पापों से मुक्त कराता है। यह वीर, धीर, साहसी, पराक्रमी, सहनशील, दानशील करता है। यह शुद्ध विचार, ईश्वरभक्ति, अध्यात्मिकता व मोक्ष देता है। यह उन्नति/प्रगति और मान-सम्मान में वृद्धि करता है। ज्योतिष ज्ञानी बनाता है। आकस्मिक दुर्घटनाओं से बचाता है। केतु प्रधान कष्टों का शमन करता है। इसे गुरुवार को धारण करें।

10. दसमुखी रुद्राक्ष

यह रुद्राक्ष साक्षात भगवान विष्णुदेव का स्वरुप है। इसके धारण करने से सभी नवग्रह अनुकूल हो जाते है। इससे भूत-प्रेत, पिशाच, बेताल, ब्रह्मराक्षस, पन्नगादि का भय नहीं रहता हैं। इसे सभी दस दिशाओं का प्रतीक माना गया है। इसमें भगवान विष्णु के दस अवतारों की शक्तियाँ निहित होती हैं। इससे कल्याणकारी भगवान विष्णु के दस अवतारों की दिव्य शक्तियाँ प्राप्त होती हैं। यह जातक की सुख-समृद्धि बढ़ाने वाला रुद्राक्ष है। सभी बाधाओं से मुक्त तथा दुष्प्रभावों से रक्षा करता है। इसे सोमवार को धारण करना चाहिए।

11. ग्यारहमुखी रुद्राक्ष

यह रुद्राक्ष साक्षात भगवान रुद्र अर्थात् शिव का स्वरुप है। यह भगवान शिव के ग्यारहवें अवतार संकटमोचन रामभक्त हनुमान जी का प्रतीक है। इसके धारण करने से सभी नवग्रह अनुकूल हो जाते है। इसको शिखा पर धारण करने से एक हजार अश्वमेध यज्ञ एवं एक हजार गौदान का पुण्य मिलता है। एकादशी व्रत के समान और चन्द्रग्रहण के समय किये दान के समान लाभ मिलता है। सांसारिक सुख व एश्वर्य की प्राप्ति होती है। संतान सुख मिलता है। इसे प्रातः सोमवार को धारण करना चाहिए।

12. बारहमुखी रुद्राक्ष

यह रुद्राक्ष साक्षात सूर्यदेव अर्थात् आदित्यदेव का स्वरुप है। इसके धारण करने से गोमेध और अश्वमेध यज्ञ का फल मिलता है। इसके होने से सींगधारी पशुओं,

शस्त्रधारियों, अनेकानेक आधि–व्याधियों, चोरों व अग्नि का भय नहीं रहता है। जीव हत्या के पाप से भी मुक्ति मिलती है। इससे सूर्यजनित रोगों में भी लाभ होता है। अनिष्ट सूर्य का प्रभाव भी कम होता है। इसके 32 दानों की माला रखने और उससे जाप करने से पाप दूर होते हैं। इसे रविवार को धारण करना चाहिए।

13. तेरहमुखी रुद्राक्ष

यह रुद्राक्ष साक्षात इन्द्रदेव का स्वरुप है। यह मनोकामना पूर्ण करने वाला व धनलाभ कराने वाला रुद्राक्ष है। इसके धारण करने अनेक धातुओं व रसायनों का ज्ञान होता है। ज्योतिषीय दृष्टि से यह शुक्र ग्रह के समान प्रभावित करता है। निःसंतान को संतति प्रदान करने वाला वशीकरण रुद्राक्ष कहा जाता है। यह जातक की सुख, शान्ति व उन्नति–प्रगति में सहायक होता है। आर्थिक स्थिति सुदृढ़ करता है। इसे शुक्रवार को धारण करना चाहिए। सोमवार को भी धारण कर सकते हैं।

14. चौदहमुखी रुद्राक्ष

यह रुद्राक्ष साक्षात संकटमोचन रामभक्त हनुमान जी का स्वरुप है। इसमें चौदह विद्याओं, चौदह लोकों, चौदह मनुओं तथा चौदह इन्द्रों का स्वरुप भी छिपा हुआ है। यह व्यक्ति को परम पद दिलाता है। सुयश में वृद्धि करता है। सिद्धियाँ दिलाता है। रोगजनक व्याधियों से मुक्ति दिलाकर निरोगी रखता है। इसके धारण करने से शनि व मंगल के अशुभ/अनिष्ट प्रभाव भी दूर हो जाते हैं। इसे मंगलवार के दिन धारण करना चाहिए। सोमवार को भी धारण कर सकते हैं।

15. पंद्रहमुखी रुद्राक्ष

यह रुद्राक्ष साक्षात भगवान पशुपतिनाथ का स्वरुप माना गया है। इस रुद्राक्ष को धारण करने से पूर्व जन्म में किये गये पापकर्मों का तथा वर्तमान में जाने अनजाने में हुये पापकर्मों का शमन होता है। उनसे मुक्ति मिलती है। जातक में आध्यात्मिक विचार पनपते है। भगवान में आस्था बढ़ती है। उसकी आर्थिक स्थिति सुदृढ़ होती है। सुख, शान्ति व यश मिलता है। यदि गर्भवती स्त्री इसे धारण करे तो गर्भ सम्बन्धी पीड़ा नहीं रहती है। इसे सोमवार को धारण करना चाहिए।

16. सोलहमुखी रुद्राक्ष

यह रुद्राक्ष साक्षात भगवान विष्णु एवं शिव का सम्मलित स्वरुप है। इस रुद्राक्ष को धारण करने से व्यक्ति को अनेक असाधय रोगों में आराम मिल सकता है। स्वास्थ्य में सुधार हो सकता है। शान्ति मिल सकती है। असाध्य रोगों में पक्षाघात अर्थात् लकवा, सूजन, कंठ सम्बन्धी रोग प्रमुख हैं। अग्नि, चोरी, ड़कैती, हत्या आदि का भय भी नहीं सताता है। लाभ के अवसर भी आ सकते हैं। इसे सोमवार को धारण करना चाहिए।

17. सत्रहमुखी रुद्राक्ष

इस रुद्राक्ष को साक्षात भगवान सीताराम का स्वरुप माना गया है। कुछ विद्वान

इसे विश्वकर्मा का स्वरुप कहते हैं। इस रुद्राक्ष को धारण करने से व्यक्ति को जमीन-जायदाद, मकान, वाहन आदि का सुख मिलता है। जीवन में सफलता मिलती है। धनागम होता रहता है। उसकी स्मरण शक्ति व कार्य करने की इच्छा बलवती होती है। वह परिश्रम के बल पर आगे बढ़ता है। इसे भी सोमवार को धारण करना चाहिए।

18. अठारहमुखी रुद्राक्ष

इस रुद्राक्ष को साक्षात श्री भैरव जी का स्वरुप माना गया है। कुछ विद्वान इसे पृथ्वी का स्वरुप कहते हैं। इस रुद्राक्ष को धारण करने से व्यक्ति की अनेक प्राकृतिक आपदाओं व आकस्मिक दुर्घटनाओं से रक्षा होती है और अकाल मृत्यु का भय मन से निकल जाता है। व्यक्ति की अध्यात्मिक क्षेत्र में उन्नति/प्रगति होती है। समाज में मान-सम्मान मिलता है। गर्भवती स्त्री के बच्चे की रक्षा होती है। इसे सोमवार को धारण करना चाहिए।

19. उन्नीसमुखी रुद्राक्ष

इस रुद्राक्ष को भगवान श्री नारायण का स्वरुप कहा गया है। यह एक कल्याणकारी व सुख समृद्धिदायक रुद्राक्ष है। इस रुद्राक्ष को धारण करने से व्यक्ति के अन्तरतम में छिपी हुई बुराईयों/दुर्भावनाओं का शमन होता है। ऐसा व्यक्ति सत्य एवं न्याय के पथ पर चलने लगता है। उसे रक्त सम्बन्धी बीमारियाँ जैसे रक्तविकार, रक्तचाप आदि नहीं होते हैं। वह स्वस्थ रहता है। इसे सोमवार को धारण करना चाहिए।

20. बीसमुखी रुद्राक्ष

बीसमुखी रुद्राक्ष को भगवान श्री जनार्दन का स्वरुप कहा गया है। इस रुद्राक्ष को धारण करने से व्यक्ति को भूत, पिशाच, राक्षस, सर्प आदि का भय नहीं रहता है। उसकी क्रूर ग्रहों के अशुभ प्रभाव से रक्षा होती है। वह तंत्र विद्या पारंगत होता है। इसकी साधना में विशेष सफलता मिलती है। उसे समाज में सुयश और मान-सम्मान मिलता है। वह निडर होता है। यह मुश्किल से मिलता है। इसे सोमवार को धारण करना चाहिए।

21. इक्कीसमुखी रुद्राक्ष

इक्कीसमुखी रुद्राक्ष को भगवान शिव का स्वरुप कहा गया है। इस रुद्राक्ष में सभी देवताओं का वास माना जाता है। इसको धारण करने से व्यक्ति को ब्रह्महत्या जैसे पापों से मुक्ति मिल जाती है। वह यशस्वी होता है। वह स्वस्थ व साहसी होता है। धर्म में पूर्ण आस्था होती है। इस रुद्राक्ष के धारण करने से व्यक्ति की कुण्डलिनी भी जाग्रत होती है। वह योगी हो सकता है। इसे भी सोमवार को ही धारण करना चाहिए।

लग्नानुसार रुद्राक्ष निर्णय

मेष, वृष, मिथुन आदि द्वादश जन्मलग्नानुसार किस प्रकार का रुद्राक्ष कैसे, कब और

किस विधि विधान से जातक उपयोग में लेने हेतु निर्णय ले कि वह भली-भाँति लाभान्वित हो, इस दृष्टि से एकमुखी से चौदहमुखी रुद्राक्ष बारे विस्तार से नीचे लिखा जा रहा है। यहाँ विधि विधान से तात्पर्य-जातक द्वारा पंचोपचार/दशोपचार/षोड़शोपचार पूजन करते हुये हवन में एक माला के दानों के बराबर अर्थात् 108 बार रुद्राक्ष से सम्बन्धित मंत्र की आहुतियाँ देना होती हैं। रुद्राक्ष भगवान रुद्र के अर्थात् शिव के अश्रुओं से उपजे पेड़ का फल है। अतः सभी जन्मलग्न वाले जातक/जातिका इसे भगवान शिव के वार सोमवार को नियमानुसार प्रातः/दोपहर/सायः धारण कर सकते हैं। पंचोपचार, दशोपचार, षोड़शोपचार क्या होता है? नीचे पढ़े और समझे।

(क) **पंचोपचार**-पंचोपचार पूजन से तात्पर्य है कि पूजन में 1गन्ध, 2अक्षत, 3पुष्प, 4धूप व दीप, 5नैवेद्य आदि का उपयोग करें। तत्पश्चात आस्था व विश्वास के साथ जप प्रारम्भ करें।

(ख) **दशोपचार**-दशोपचार पूजन से तात्पर्य है कि पूजन में 1पाद्य, 2अर्घ्य, 3आचमनीय, 4मधुपर्क, 5स्नानीय, 6गन्ध, 7अक्षत, 8पुष्प, 9धूप व दीप 10नैवेद्य आदि का उपयोग करें। तत्पश्चात आस्था व विश्वास के साथ जप प्रारम्भ करें।

(ग) **षोड़शोपचार**-षोड़शोपचार पूजन से तात्पर्य है कि पूजन में 1आसन, 2स्वागत, 3पाद्य, 4अर्घ्य, 5आचमनीय, 6मधुपर्क, 7स्नानीय, 8वस्त्र, 9अलंकार, 10गन्ध, 11अक्षत, 12पुष्प, 13धूप, 14दीप, 15नैवेद्य, 16नमस्कार आदि का उपयोग करें। तत्पश्चात आस्था व विश्वास के साथ जप प्रारम्भ करें।

1. एकमुखी रुद्राक्ष

एकमुखी रुद्राक्ष द्वादश लग्नों के व्यक्ति समान रुप से धारण कर सकते हैं। एकमुखी रुद्राक्ष के देवता भगवान शिव हैं। यदि सौभाग्यवश एकमुखी रुद्राक्ष प्राप्त हो जाए तो भगवान शिव तथा रुद्राक्ष का पंचोपचार पूजन करके **"ओम ह्रीं नमः"** मंत्र की ग्यारह माला फेरें। मंत्र जप के पश्चात सप्त मेवा, खांड़, गूगुल, घृत आदि से उपरोक्त मंत्र की एक माला अर्थात् 108 आहुतियाँ देते हुये हवन करें। यह कार्य भगवान शिव के वार सोमवार को करना उपयुक्त रहेगा और उसी दिन प्रातः गले या भुजा में धारण कर लें।

2. दोमुखी रुद्राक्ष

दोमुखी रुद्राक्ष कर्क तथा वृश्चिक लग्न वाले व्यक्तियों के लिये श्रेष्ठ होता है। दोमुखी रुद्राक्ष के देवता भगवान अर्द्धनारीश्वर शिव होते हैं। यदि सौभाग्यवश दोमुखी रुद्राक्ष प्राप्त हो जाए तो भगवान अर्द्धनारीश्वर शिव तथा रुद्राक्ष का विधिवत विशेष पंचोपचार पूजन करके **"ओम नमः"** मंत्र की सात माला फेरें। मंत्र जप के पश्चात उसे पहन लें और सम्बन्धित वस्तुएँ दान करे। यह कार्य भगवान शिव के वार सोमवार को पूर्व दोपहर धारण करना उपयुक्त रहेगा। गले या बाँयी भुजा में धारण करें।

अनिष्ट नवग्रह शान्ति के उपाय

3. तीनमुखी रुद्राक्ष

तीनमुखी रुद्राक्ष तुला व मकर लग्न वाले व्यक्तियों के लिये समान रुप से श्रेष्ठ रहता है। तीनमुखी रुद्राक्ष के देवता अग्निदेव हैं। यदि तीनमुखी रुद्राक्ष प्राप्त हो जाए तो अग्निदेव तथा रुद्राक्ष का विधिवत विशेष पंचोपचार पूजन करके **"ओम क्लीं नमः"** मंत्र की नौ माला फेरें। मंत्र जप के पश्चात गूगुल, केसर, खांड़, घृत, लौंग के मिश्रण से उपरोक्त मंत्र की एक माला के दानों के बराबर अर्थात् 108 आहुतियाँ देते हुये हवन करें। यह कार्य सोमवार को करें और उसी दिन मध्यानह के समय रुद्राक्ष गले या भुजा में धारण कर लें।

4. चारमुखी रुद्राक्ष

चारमुखी रुद्राक्ष मेष व सिंह लग्न वाले व्यक्तियों के लिये समान रुप से श्रेष्ठ रहता है। चारमुखी रुद्राक्ष के देवता सृष्टि रचियिता ब्रह्माजी हैं। यदि चारमुखी रुद्राक्ष प्राप्त हो जाए तो सृष्टि रचियिता ब्रह्माजी तथा रुद्राक्ष का सोमवार को विधिवत विशेष पंचोपचार पूजन करके **"ओम ह्रीं नमः"** मंत्रकी पाँच माला फेरें। मंत्र जप पूरा होने के पश्चात इसे पहन लें। यह कार्य सोमवार को करें और उसी दिन सूर्योदय के समय गले या भुजा में धारण कर लें।

3. पंचमुखी रुद्राक्ष

पंचमुखी रुद्राक्ष मेष, धनु व मीन लग्न वाले व्यक्तियों के लिये समान रुप से श्रेष्ठ रहता है। पंचमुखी रुद्राक्ष के देवता कालाग्नि रुद्र हैं। यदि पंचमुखी रुद्राक्ष प्राप्त हो जाए तो कालाग्नि रुद्र तथा रुद्राक्ष का सोमवार के दिन विधिवत दशोपचार पूजन करके **"ओम ह्रीं नमः"** मंत्र की ग्यारह माला फेरें। मंत्र जप पूरा होने के पश्चात गूगुल, चंदनचूरा, खांड़, घृत, लौंग के मिश्रण से उपरोक्त मंत्र की एक माला के दानों के बराबर अर्थात् 108 आहुतियाँ देते हुये हवन करें और उसी दिन प्रातःकाल गले या भुजा में धारण कर लें।

6. छहमुखी रुद्राक्ष

छहमुखी रुद्राक्ष मिथुन, तुला व मकर लग्न वाले जातकों के लिये समान रुप से श्रेष्ठ रहता है। छहमुखी रुद्राक्ष के देवता भगवान कार्तिकेय हैं। यह व्यापारिक एवं सामाजिक उन्नति-प्रगति-प्रतिष्ठा के लिये उत्तम है। यदि छहमुखी रुद्राक्ष प्राप्त हो जाए तो कार्तिकेय तथा रुद्राक्ष का सोमवार के दिन विधिवत पंचोपचार पूजन करके **"ओम ह्रीं हुं नमः"** मंत्र की सात माला फेरें। मंत्र जप पूरा होने के पश्चात सप्तमेवा खीर से उपरोक्त मंत्र की 108 आहुतियाँ देते हुये हवन करें और उसी दिन सायःकाल गले या भुजा में धारण कर लें।

7. सातमुखी रुद्राक्ष

सातमुखी रुद्राक्ष वृष, कन्या व कुम्भ लग्न वाले व्यक्तियों के लिये समान रुप से श्रेष्ठ रहता है। सातमुखी रुद्राक्ष के देवता हमारे सप्तऋषि हैं। यदि सातमुखी रुद्राक्ष

प्राप्त हो जाए तो सप्तऋषियों का आह्वान करते हुये सातमुखी रुद्राक्ष का सोमवार के दिन विधिवत विशेष पंचोपचार पूजन करके **"ओम हुँ नमः"** मंत्र की सात माला फेरें। उपरोक्त मंत्र जप पूरा होने के पश्चात उसी दिन सोमवार को प्रातःकाल गले या भुजा में धारण कर लें।

8. आठमुखी रुद्राक्ष

आठमुखी रुद्राक्ष विशेषतः मीन लग्न वाले व्यक्तियों के लिये समान रुप से श्रेष्ठ रहता है। आठमुखी रुद्राक्ष के देवता श्री वटुक भैरव जी हैं। यदि आठमुखी रुद्राक्ष प्राप्त हो जाए तो श्री वटुक भैरव जी तथा रुद्राक्ष का सोमवार के दिन विधिवत पंचोपचार पूजन करके **"ओम हुं नमः"** मंत्र की नौ माला फेरें। मंत्र जप पूरा होने के पश्चात गूगुल, खांड़, घृत के मिश्रण से उपरोक्त मंत्र की एक माला के दानों के बराबर अर्थात् 108 आहुतियाँ देते हुये हवन करें और उसी दिन सूर्योदय काल में गले या भुजा में धारण कर लें।

9. नौमुखी रुद्राक्ष

नौमुखी रुद्राक्ष मेष, कर्क, वृश्चिक व धनु लग्न वाले जातकों के लिये समान रुप से श्रेष्ठ रहता है। नौमुखी रुद्राक्ष की देवता माँ दुर्गा हैं। यह सामाजिक प्रतिष्ठा दिलाने वाला एवं पराक्रम बढ़ाने वाला रुद्राक्ष है। यदि नौमुखी रुद्राक्ष प्राप्त हो जाए तो माँ दुर्गा तथा रुद्राक्ष का सोमवार के दिन विधिवत दशोपचार पूजन करके **"ओम ह्रीं हुं नमः"** मंत्र की ग्यारह माला फेरें। मंत्र जप के पश्चात गूगुल, केसर, सप्तमेवा, खांड़, घृत से मंत्र की 108 आहुतियाँ देते हुये हवन करें और रविवार को प्रातः गले या भुजा में धारण कर लें।

10. दसमुखी रुद्राक्ष

दसमुखी रुद्राक्ष कन्या, तुला व मकर लग्न वाले जातकों के अतिरिक्त सभी लग्न वाले व्यक्तियों के लिये श्रेष्ठ है। दसमुखी रुद्राक्ष के देवता भगवान विष्णु हैं। यह सभी प्रकार के अभ्योदय में सहायता करता है। इस रुद्राक्ष के प्राप्त हाने पर भगवान विष्णु तथा रुद्राक्ष का सोमवार के दिन विधिवत पंचोपचार पूजन करके **"ओम ह्रीं नमः"** मंत्र की सात माला फेरें। मंत्र जप पूरा होने के पश्चात सप्तमेवासे उपरोक्त मंत्र की 108 आहुतियाँ देते हुये हवन करें और सोमवार को प्रातःकाल गले या भुजा में धारण कर लें।

11. ग्यारहमुखी रुद्राक्ष

ग्यारहमुखी रुद्राक्ष मिथुन लग्न वाले व्यक्तियों के लिये श्रेष्ठ व विशेष प्रभावी रहता है। ग्यारहमुखी रुद्राक्ष के देवता भगवान इन्द्र हैं। यह राजनीति में सफलता, सामाजिक प्रतिष्ठा एवं सुख-समृद्धि दिलाने वाला रुद्राक्ष है। इस रुद्राक्ष प्राप्ति पर भगवान इन्द्र तथा रुद्राक्ष का सोमवार को विधिवत पंचोपचार पूजन करके **"ओम ह्रीं हुं नमः"**मंत्र की इक्कीस माला फेरें। मंत्र जप के पश्चात गूगुल, केसर,खांड़, मेवा, घृत, लौंग से

उपरोक्त मंत्र की 108 आहुतियाँ देते हुये हवन करें और उसी दिन प्रातः गले या भुजा में धारण कर लें।

12. बारहमुखी रुद्राक्ष

बारहमुखी रुद्राक्ष कर्क व वृश्चिक लग्न वाले जातकों के लिये श्रेष्ठ रहता है। बारहमुखी रुद्राक्ष के देवता 12 आदित्य हैं। यह राजनीति में सक्रिय व्यक्तियों को विशेष पद, सता व यश आदि दिलाने हेतु उत्तम है। बारहमुखी रुद्राक्ष प्राप्त हाने पर 12 आदित्यों तथा रुद्राक्ष का सोमवार के दिन विधिवत दशोपचार पूजन करके **"ओम क्रौं क्षौं नमः"** मंत्र की 108 माला फेरें। मंत्र जप के पश्चात गूगुल, केसर, खांड, अगर, चंदनचूरा, घृत से उपरोक्त मंत्र की1008 आहुतियाँ देते हुये हवन करें और प्रातः गले या भुजा में धारण कर लें।

13. तेरहमुखी रुद्राक्ष

तेरहमुखी रुद्राक्ष कन्या व मकर लग्न वाले व्यक्तियों के लिये श्रेष्ठ रहता है। तेरहमुखी रुद्राक्ष के भगवान कार्तिकेय और इन्द्र दो देवता हैं। यह रुद्राक्ष व्यापारियों के लिये एक चमत्कार है। इस रुद्राक्ष के प्राप्त होने पर भगवान कार्तिकेय और इन्द्र तथा रुद्राक्ष का सोमवार के दिन विधिवत किसी पण्डित से षोड़शोपचार पूजन करवा के **"ओम ह्रीं नमः"** मंत्र की इक्कीस माला फेरें। मंत्र जप पूरा होने के पश्चात उसी दिन प्रातः सूर्योदय के समय गले या भुजा में धारण कर लें।

14. चौदहमुखी रुद्राक्ष

चौदहमुखी रुद्राक्ष सिंह लग्न वाले व्यक्तियों के लिये विशेष रुप से श्रेष्ठ रहता है। चौदहमुखी रुद्राक्ष के देवता संकटमोवन रामभक्त हनुमान हैं। यह जीवन के प्रत्येक क्षेत्र मे सफलता दिलाने वाला रुद्राक्ष है। यदि चौदहमुखी रुद्राक्ष प्राप्त हो जाए तो संकटमोचन हनुमानजी तथा रुद्राक्ष का मंगलवार के दिन विधिवत पंचोपचार पूजन करके **"ओम नमः"** मंत्र की ग्यारह माला फेरें। मंत्र जप पूरा होने के पश्चात हनुमान जी का स्मरण करते हुये उसी दिन मध्यानह के समय गले या भुजा में इसे धारण कर लें।

रुद्राक्ष के औषधीय उपयोग

आयुर्वेद में रुद्राक्ष को महा औषधि की संज्ञा दी गयी है। इसके विभिन्न औषधीय गुणों के कारण रोगोपचार हेतु आदिकाल से इसका उपयोग होता आया है। सही जानकारी के अभाव में सामान्य जन इसका लाभ लेने से वंचित रह जाते हैं। प्रत्येक रुद्राक्ष का लाभ लेने से पूर्व इसे केसर, गोरोचन, गंगाजल से शुद्ध कर लेना चाहिए। रुद्राक्ष का उपयोग करने उपरान्त चिता में आग नहीं देनी चाहिए। रुद्राक्ष उष्ण और अम्लीय होता है। त्रिदोष जन्य रोगों का शमन करता है। यह रक्तशोधक व रक्तविकारनाशक है। इसका उपयोग दो प्रकार कर सकते हैं।

क. रुद्राक्ष जल चिकित्सा

1. तीनमुखी रुद्राक्ष के कुछ दाने पानी से भरे ताम्बे के बर्तन में भिगो दें। चौबीस घण्टे बाद प्रातः खाली पेट जल पीये। इससे चर्मरोग दूर होते हैं।
2. चारमुखी रुद्राक्ष के ग्यारह दाने पानी से भरे चाँदी के बर्तन में भिगो दें। चौबीस घण्टे बाद प्रातः खाली पेट नियमित जल पीते रहें। इससे मस्तिष्क सम्बन्धी सभी रोग दूर होते हैं।
3. पंचमुखी रुद्राक्ष के पाँच दाने पानी से भरी मिट्टी की हांड़ी में भिगो दें। चौबीस घण्टे बाद तैयार जल नियमित रुप से प्रातः खाली पेट पीते रहें। इससे रक्तचाप व हृदय रोग दूर होते हैं।
4. छ:मुखी रुद्राक्ष के कुछ दाने पानी से भरे मिट्टी के बर्तन में भिगो दें। चौबीस घण्टे बाद प्रातः खाली पेट जल पीते रहें। इससे उदर व स्त्रियों के गर्भाशय के रोग दूर होते हैं।
5. नौमुखी रुद्राक्ष के कुछ दाने पानी से भरे ताम्बे के बर्तन में भिगो दें। चौबीस घण्टे बाद प्रातः खाली पेट जल पीये। इससे हड्डी सम्बन्धी हर प्रकार के रोग दूर होते हैं।

ख. रुद्राक्ष रस/भस्मादि मिश्रित चिकित्सा

1. रुद्राक्ष व स्वर्ण भस्म एक-एक रती प्रातः और सायः मलाई के साथ नियमित लेते रहने से रक्तचाप ठीक रहता है।
2. रुद्राक्ष घिसकर प्याज के रस व शहद में मिलाकर लेने और लौकी का रस पीने से हृदयाघात से रक्षा होती है।
3. रुद्राक्ष व काली मिर्च समान मात्र मे पीसकर आधा चम्मच पावडर चेचक के रोगी को रात के बासे पानी से तीन दिन पिलायें। जलन व बेचैनी से राहत मिलेगी।
4. चेचक के दाग भरने के लिये कच्चे नारियल के तेल में रुद्राक्ष का एक दाना 3 घण्टे रखें। सावधानी से दाना निकालकर तेल की मालिश करें। चेहरा चमक उठेगा।
5. रुद्राक्ष को दूध में उबालकर दूध पीने से स्मरण शक्ति में वृद्धि होती है।
6. दसमुखी रुद्राक्ष को गाय के ताजा दूध के साथ घिसकर दिन में तीन बार नियमित सेवन करें। पुरानी खाँसी ठीक होती है।
7. रुद्राक्ष के चूर्ण को तुलसी ड़ंड़ी के चूर्ण में मिलाकर शहद के साथ लेने से खाँसी दूर होती है।
8. रुद्राक्ष के 10 से 15 दाने 200 मिली ग्राम तिल के तेल में आधे घण्टे तक उबालने और ठण्ड़ा होने पर निमोनिया के रोगी की छाती पर मालिश करने से छाती का दर्द दूर होता है।
9. छहमुखी रुद्राक्ष पावडर के वजन से चार गुना सितोपलादि चूर्ण ले। दोनों को मिला शहद के साथ नियमित लें। इससे श्वास रोग दूर होता है।

10. रुद्राक्ष भस्म 1 ग्राम, वंशलोचन 1 ग्राम, भृगश्रंग भस्म 1 ग्राम शहद में मिलाकर 6 माह तक लेने से तपेदिक/टीबी दूर होती है।
11. एक कप दूध उबालकर उसमें एक रुद्राक्ष व समान मात्र की लहसुन की एक फाँक कुछ समय के लिये रख छोड़े। रुद्राक्ष को निकाल लें और लहसुन की फाँक खाकर दूध पी लें। ऐसा तीन मास तक नियमित करते रहें। कोलोस्ट्रोल सामान्य स्तर पर आ जायेगा
12. गाय के दूध में चार रुद्राक्ष उबालकर दूध का सेवन करें। इस दूध के पीने से मानसिक पीड़ा दूर होगी।
13. सिर या मस्तक पर रुद्राक्ष रखने से सिरदर्द, नेत्रज्योति, नजला-जुकाम, दिमाग की कमजोरी, कण्ठ में धारण करने से टान्सिल्स व हकलाहट, दाँयी/बाँयी भुजा में बाँधने से स्नायुविकार व पक्षाघात और कमर में बाँधने से कमरदर्द व हड्डी के रोग दूर होते है।
14. रुद्राक्ष को गंगाजल में तुलसी और चन्दन के साथ घिसकर घाव, फोड़े, फुंसियों पर लगााने से आराम मिलता है।
15. आग से जलने पर रुद्राक्ष और चन्दन को पीस कर जले स्थान पर लेप करें। जलन में आराम मिलेगा।
16. रुद्राक्ष चूर्ण, मोती व मूँगे की भस्म समान मात्रा में लेकर 2 ग्राम की मात्रा प्रतिदिन सेवन करें। स्नायुतन्त्र ठीक रहेगा।
17. आधे ग्राम मूँगे की भस्म में दो ग्राम रुद्राक्ष चूर्ण को शहद में मिलाकर जीभ पर मलने से हकलाहट, तुतलाहट दूर होती है।
18. रुद्राक्ष और सीताफल के पत्तों के चूर्ण को सरसों के तेल में मिलाकर सोजिश वाले घुटने आदि जोड़ो की मालिश करने से सूजन कम होती है।
19. रुद्राक्ष, काली मिर्च, वंशलोचन समान मात्रा में लेकर लेप बनाये और कील/मुहांसो पर लगाये। कुछ दिनो में कील/मुहांसे मिट जायेगे।
20. स्वर्णमाक्षिक व दोमुखी रुद्राक्ष की भस्म समान मात्र में मिलाकर दूध, दही या मलाई के साथ 1 रती सुबह 1 रती शाम नियमित लेने से रक्तचाप सामान्य रहेगा।
21. रुद्राक्ष को प्याज के रस में घिसकर सिर के गंजे भाग में लगाने से गंजापन दूर होता है।
22. दस ग्राम दूब के रस में एक ग्राम रुद्राक्ष की भस्म प्रातः व सायः लेने से बबासीर में आराम मिलता है।
23. रुद्राक्ष को नीम की छाल के साथ घिसकर शरीर के कुष्ठ ग्रस्त भाग पर लगाने से कुष्ठरोग का बढ़ना रुक जाता है।
24. रुद्राक्ष दाने को बकरी के दूध में घिसकर लगाने से गठिया का दर्द अर्थात् जोड़ो का दर्द सिकाई के उपरान्त कम होता है।

25. तुलसी के रस में रुद्राक्ष की भस्म दो-तीन मास नियमित लेने पर मधुमेह/डायबिटीज से मुक्ति मिलती है।
26. रुद्राक्ष चूर्ण 2 ग्राम, सौंफ 4 ग्राम, मिश्री 8 ग्राम जल से भरे ताम्र पात्र में भिगोकर मसल ले और जल पिये। ऐसीडिटी दूर होगी।
27. रुद्राक्ष 1 भाग व घी से भुना आँवला चूर्ण 4 भाग कांजी के रस में पीसकर मस्तक पर लगाने से नकसीर से छुटकारा मिलता है।

एक दृष्टि में राशि/ग्रह रुद्राक्ष लाभ सारिणी

आगे राशि/ग्रह, रुद्राक्ष, रुद्राक्ष लाभ व धारण दिन सारिणी दी जा रही है। जातक इसे एक ही दृष्टि में देखकर/समझकर लाभ उठा सकते हैं। तद्नुसार अपने अनुसार इनका उपयोग कर सकते हैं। स्मरण रहे कि असली रुद्राक्ष ही लाभकारी होते हैं। अत: देख व परख कर रुद्राक्ष खरीदें।

राशि/ग्रह रुद्राक्ष लाभ सारिणी

क्र.	राशि	राशिस्वामी	रुद्राक्ष	रुद्राक्ष के लाभ	धारण दिन
1.	सिंह	सूर्य	एकमुखी	ऊर्जा, बल-पौरुष में वृद्धि, इच्छापूर्ति, सर्वकार्यसिद्धि, यश, मान, प्रतिष्ठा, नेत्र लाभ, भक्ति-मुक्ति।	रविवार
2.	कर्क	चन्द्र	दोमुखी	भाषा, बुद्धि-विवेक वृद्धि, उदारता, व्यवहारकुशलता, व्यापार लाभ, आस्तिकता, शीघ्र विवाह, दाम्पत्य सुख में वृद्धि ।	सोमवार
3.	मेष व वृश्चिक	मंगल	तीनमुखी	पराक्रम, दृढ़ता, लड़ाकू वृत्ति, खेल प्रवृति, भौतिकता से परे, कार्यकुशलता, कर्तव्यनिष्ठा, विद्या प्राप्ति मे सफलता।	मंगलवार
4.	मिथुन व कन्या	बुध	चारमुखी	मानसिक बल, संयत वाणी,बुद्धि, विद्या, ज्ञान, स्मरणशक्ति में वृद्धि, धन, एश्वर्य, प्रतिष्ठा, चर्मरोग से मुक्ति।	बुधवार
5.	धनु व मीन	गुरु	पाँचमुखी	शास्त्रज्ञान, नीतिनिपुणता, न्यायप्रियता, आशावादी, मानसिक शान्ति, सात्विकता, कामनापूर्ति, मोक्षप्राप्ति।	गुरुवार
6.	वृष व तुला	शुक्र	छ:मुखी	विनम्र, कलाप्रिय, सर्वप्रिय, संकल्पशक्ति, कुशाग्र बुद्धि, विद्या प्राप्ति, असीम धनी यौन शक्ति, उत्तम संतान ।	शुक्रवार

7.	मकर व कुम्भ	शनि	सातमुखी	धन प्राप्ति, व्यापार वृद्धि, नौकरी में सफलता, प्रतिष्ठा, सुख-समृद्धि, निरोगी जीवन, संन्यासवृत्ति, ध्यानमग्न।	शनिवार
8.	---	राहु	आठमुखी	सत्यवाणी, देश-विदेशयात्रा, आकस्मिक धनलाभ, स्वास्थ्य लाभ, सुख के साधन, कष्ट व बाधाओं से मुक्ति।	बुधवार
9.	---	केतु	नौमुखी	शुद्ध विचार, ईश्वर भक्ति, पाप मुक्ति, ज्योतिष ज्ञान, उन्नति/प्रगति, मान-सम्मान, आध्यात्मिकता, मोक्ष प्राप्ति।	गुरुवार

नोटः एकमुखी से इक्कीसमुखी रुद्राक्षों के बारे में वर्णन मिलता है। इनमें से इस समय एकमुखी से चौदहमुखी तक के रुद्राक्ष बाजार में मिल जाते हैं। पाँचमुखी और छहमुखी रुद्राक्ष आसानी से मिलते हैं। पाँचमुखी रुद्राक्ष की तो मालाएँ मिलती हैं। उपरोक्त सारिणी में नौमुखी रुद्राक्ष तक के लाभ स्पष्ट किये गये हैं । ग्रह विशेष के निर्बल, पापपीड़ित, अस्त और पापकर्तरी योगान्तर्गत होने पर ग्रह विशेष का रुद्राक्ष अपने पास रखना, गले में या बांह में पहनना लाभकारी एवं सुखदायी होता है। इसे अपने पास रखना सदैव श्रेयस्कर होता है। दसमुखी रुद्राक्ष का उपयोग सर्वग्रह शान्ति, आसुरी बाधाओं से मुक्ति एवं भाग्योन्नति हेतु किया जाता है। ग्यारहमुखी रुद्राक्ष रखना सर्वविजित, सफल, धनी, परोपकारी, यशस्वी, कीर्तिवान एवं भाग्यशाली करता है। उत्तम स्वास्थ्य हेतु चौदहमुखी रुद्राक्ष धारण करना चाहिए। रुद्राक्ष सोने या चाँदी में मढ़वाकर या फिर लाल धागे में ड़ालकर पहनना चाहिए। रुद्राक्ष रखने के दिन से भगवान शिव के मन्त्र **"ओम नमः शिवाय"** की प्रतिदिन एक माला अर्थात् 108 बार नाम लेना/जाप करना चाहिए। **ओम ह्री नमः, ओम ह्रीं हुं नमः, ओम क्लीं नमः, ओम आग्नेय नमः, ओम ब्रह्मणे नमः, ओम शिवशक्तिभ्याम नमः** आदि भगवान शिव के अन्य प्रमुख मन्त्र हैं।

कार्यक्षेत्र/कार्यप्रकृति अनुरुप रुद्राक्ष

आज की निरन्तर बढ़ती हुई सुयोग्य व शिक्षित युवा पीढ़ी अपने भविष्य की उन्नति-प्रगति या केरियर के सर्वांगीण विकास हेतु महंगाई के इस दौर में अधिक व्यथित है। रोजगार के अवसर कम होने की स्थिति में उन्हें अपने कार्यक्षेत्र अनुरूप रुद्राक्ष धारण करना फलदायी हो सकता है। शीघ्र लाभ मिल सकता है। किस शुभ कार्य हेतु कौन-सा रुद्राक्ष धारण करें, इसकी सारिणी नीचे देखें।

कार्यक्षेत्र/कार्यप्रकृति अनुरूप रुद्राक्ष सारिणी

क्र.	कार्यक्षेत्र	रुद्राक्ष प्रकार
1.	राष्ट्रपति/राज्यपाल/प्रधानमन्त्री/मन्त्री, नेता/ सांसद/विधायक/आइ-ए-ए-स।	पंचमुखी, एकमुखी व चौदह मुखी
2.	पुलिस/मिलिटरी अधिकारी/कर्मचारी	पंचमुखी, नौमुखी व चारमुखी
3.	वायुसेना अधिकारी/हवाई जहाज चालक	पंचमुखी, दसमुखी व ग्यारहमुखी
4.	जलयान अधिकारी/चालक/कर्मचारी	पंचमुखी, आठमुखी व बारहमुखी
5.	रेल अधिकारी/चालक/कर्मचारी	पंचमुखी, सातमुखी व दसमुखी
6.	मिकेनिकल/इलैकटिकल इंजीनियर	पंचमुखी, दसमुखी व ग्यारहमुखी
7.	सिविल/सॉटवेयर इंजीनियर	पंचमुखी, चौदहमुखी व आठमुखी
8.	प्रोफेसर/अध्यापक	पंचमुखी, चारमुखी व चौदहमुखी
9.	गणितज्ञ/साइंटिस्ट/रिसर्चर	पंचमुखी, तीनमुखी व ग्यारहमुखी
10.	चार्टटेड अकाउण्टेण्ट/कम्पनी सैकरेट्री	पंचमुखी, चारमुखी व बारहमुखी
11.	क्लर्क/टाइपिस्ट/स्टेनो	पंचमुखी, चारमुखी व ग्यारहमुखी
12.	डॉक्टर/फिजिशियन/वैद्य	पंचमुखी, सातमुखी व ग्यारहमुखी
13.	सर्जन/रेडियोलॉजिस्ट	पंचमुखी, दसमुखी व चौदहमुखी
14.	कम्पाउण्डर/नर्स/केमिस्ट	पंचमुखी, तीनमुखी व चारमुखी
15.	जज/न्यायाधीश	पंचमुखी, दोमुखी व चौदहमुखी
16.	वकील/एडवोकेट	पंचमुखी, चारमुखी व तेरहमुखी
17.	बैंक मैनेजर/बैंक कर्मचारी	पंचमुखी, ग्यारहमुखी व चारमुखी
18.	सामान्य दुकानदार/ कपड़ा व्यापारी	पंचमुखी, दोमुखी व चारमुखी
19.	लेखक/प्रकाशक/पुस्तक व्यवसायी	पंचमुखी, चारमुखी व नौमुखी
20.	होटल/रेस्टोरेन्ट मालिक	पंचमुखी, चारमुखी व चौदहमुखी
21.	अभिनेता/संगीतकार	पंचमुखी, नौमुखी व तेरहमुखी
22.	सिनेमा मालिक/फिल्म डिस्ट्रीब्यूटर	पंचमुखी, छःमुखी व ग्यारहमुखी
23.	टी वी, रेडियो, मोबाइल,	पंचमुखी, नौमुखी व ग्यारहमुखी
24.	लकड़ी का सामान, फर्नीचर विक्रेता	पंचमुखी, छमुखी व ग्यारहमुखी
25.	मार्केटिंग/फायनेंस व्यवसायी	पंचमुखी, नौमुखी व बारहमुखी
26.	प्रापर्टी डीलर/रीयल एस्टेट	पंचमुखी, दसमुखी व चौदहमुखी
27.	पुरोहित/ज्योतिषी/धर्माधिकारी	पंचमुखी, एकमुखी व चारमुखी

अध्याय 2

भावानुसार ग्रहों के उपाय व उदाहरण
(Housewise Planetary Solutions & Examples)

पुस्तक के चतुर्थ अध्याय जन्मकुण्डली के द्वादश भाव में भावानुसार प्रथम भाव से द्वादश भाव तक नवग्रहों की अभीष्ट व अनिष्ट स्थिति स्पष्ट की गयी है। किस भाव में कौनसा ग्रह कब कितना अनिष्टकारी होता है। उस समय जातक की कुण्डली में कौनसी लग्न होती है। जातक को किस भाव से सम्बन्धित पीड़ा सता रही है। सूर्य, चन्द्रादि ग्रहों में से कौन-सा ग्रह वर्तमान में पीड़ा दे रहा है। वर्तमान में किस ग्रह की महादशा/अन्तर्दशा चल रही है। महादशा/अन्तर्दशा वाले ग्रह कुण्डली में किस भाव में स्थित हैं। किस ग्रह की किस भाव/राशि में युति/दृष्टि है। इन सभी तथ्यों का ध्यान रखते हुये अध्याय-5 में सभी नवग्रहों के अचूक, अनुभवसिद्ध उपायों की एक लम्बी श्रृंखला दी गयी है। पीड़ा से उभरने के लिये संभावित उपाय भी सुझाये गये हैं। अध्याय-6 में ग्रह सम्बन्धी पीड़ा के उदाहरण देकर उपायों के बारे सही सुझाव भी प्रस्तुत हैं। जातक अध्याय-5 में उपाय श्रृंखला देखकर उन उपायों के माध्यम से लाभ उठा सकता है। जातक एक साथ तीन उपाय अवश्य करें। अध्याय-7 में लालकिताब आधारित उपायों की भी श्रृंखला दी जा रही है। पाठकगण इन साधारण उपायों/टोटकों का भी सहारा ले सकते है। लेखक का विश्वास है कि मनसावाचाकर्मणा से किये गये साधारण उपाय भी पीड़ा से मुक्ति दिला सकते हैं। संतोष व शान्ति ला सकते हैं।

सूर्य ग्रह के उपाय व उदाहरण

सूर्य एक क्षत्रिय स्वभाव का ग्रह है। यह सभी ग्रहों का जनक और सम्राट है। सभी ग्रहों को अपने प्रकाश से प्रकाशित करता है। अनिष्टकारी स्थिति में शनि, राहु, केतु, मंगल आदि से पीड़ित होने पर भावानुसार हड्डियों, हृदय, नेत्र, संतान जन्म, दाम्पत्य सुख, पितृ स्वास्थ्य, नौकरी/व्यवसाय आदि को प्रभावित करता है। पीड़ित व निर्बल सूर्य की स्थिति में जातक को स्वर्ण धातु की अँगूठी में माणिक्य जड़वाकर रविवार की प्रथम होरा में पहनना आवश्यक होता है। एकमुखी रुद्राक्ष सदैव अपने पास रखे। साथ में पीड़ा पहुँचाने वाले ग्रहों की पूजा कर उन्हें भी प्रसन्न किया जा सकता है। सूर्य के बीज मन्त्र तथा सूर्य स्तोत्र (आदित्य हृदय स्तोत्र) का जप किया

जा सकता है। रविवार का व्रत किया जा सकता है। अधेड़ उम्र के क्षत्रिय पुरुष को सूर्य सम्बन्धी वस्तुओं का दान दिया जा सकता है। उदाहरण के लिये सूर्य पीड़ित जातक की नीचे कुण्डली देखें।

उदाहरण कुण्डली

यह एक सूर्य पीड़ित व्यक्ति की जन्मकुण्डली है। जन्म के समय और युवावस्था में वह हृष्ट-पुष्ट था किन्तु 45 वर्ष की आयु में ऊँचाई से गिरने पर हड्डियों के टूटने से काफी समय परेशान रहा। जातक की जन्मतिथि 27-11-1914 है। उसकी जन्मकुण्डली देखने से ज्ञात होता है कि जन्म के समय बुध की महादशा के अंतिम 16 वर्ष 00 मास 22 दिन शेष थे। सूर्य की महादशा व शनि की अन्तर्दशा अवधि के दौरान यह बीमारी शुरु हुई और काफी समय तक तंग करती रही। प्रभु लीला को कौन समझ पाया है। डॉक्टर के प्रयास व सूर्य के जपादि से शीघ्र आराम होने लगा। इसमें जन्म लग्न, चन्द्रलग्न व सूर्य लग्न तीनों लग्न दैवी राशि की हैं। अतः फल सभी दैवी लग्नों से देखा और जाना जा सकता है।

सूर्य पीड़ा के कारण

अंग्रेजी तिथि 13-02-1959 को सूर्य की महादशा में राहु की अन्तर्दशा आने पर हड्डियों के टूटने का कष्ट काफी समय चलता रहा। सूर्य ग्रह मंगल की राशि वृश्चिक में पापग्रह मंगल और शत्रु शुक्र के साथ चतुर्थ भाव में बैठा है। जन्म लग्न सूर्य की अपनी सिंह राशि की है। इसमें केतु विराजमान है। लग्नेश सूर्य राहु-केतु के पाप मध्यत्व में है। लग्न पर शनि की पूर्ण दृष्टि है। केतु को बल मिल रहा है। अतः सूर्य निर्बल है। सूर्य दिक्‌बल से भी कमजोर है। चन्द्र लग्नेश गुरु नीचराशिस्थ होकर षष्ठ भाव में बैठा है। सप्तम भाव में बैठे राहु को भी बल मिल रहा है। राहु की लग्न पर पूर्ण दृष्टि है। इस प्रकार सूर्य पाप प्रभाव से पीड़ित होकर अधिक निर्बल हो गया है। इस स्थिति में सूर्य के उपाय करने की आवश्यकता होती है। उपाय उपर दिये जा चुके हैं।

जन्म कुण्डली

नवांश कुण्डली

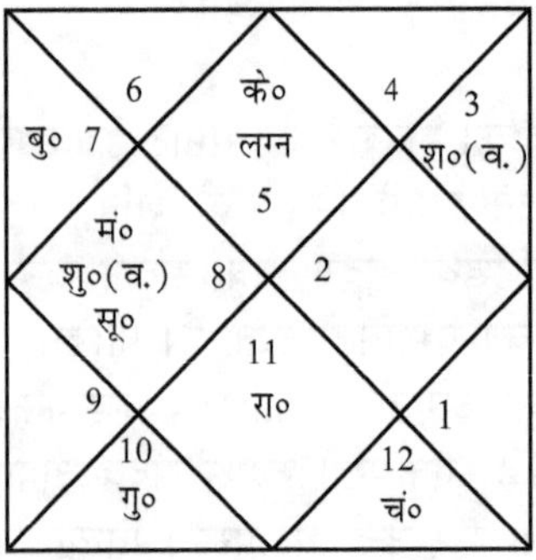

कुण्डली संख्या 2

चन्द्र ग्रह के उपाय व उदाहरण

चन्द्र वैश्य स्वभाव का एक शीतल ग्रह है। इसे सूर्य साम्राज्ञी की भी संज्ञा दी गयी है। यह शुक्ल पक्ष में उजाला और कृष्ण पक्ष में अंधेरा लाता है। पूर्णिमा और अमावस इसी की देन हैं। समुद्र में ज्वार-भाटा उत्पन्न करता है। अनिष्टकारी होने के कारण निर्बल होने की स्थिति में बालारिष्ट, अल्पायु योग, मिरगी रोग, पागलपन, विस्मृति, नेत्र पीड़ा, धनाभाव एवं मातृकष्ट पैदा करता है। ऐसी स्थिति में बालारिष्ट बच्चे को चाँदी धातु का चांद बनवा कर गले में पहनाये। पीड़ित चन्द्र की अन्य पीड़ाओं के लिये जातक चाँदी धातु की अँगूठी में मोती जड़वाकर सोमवार के दिन कनिष्टका अँगुली में स्वयं पहने। दोमुखी रुद्राक्ष हर समय अपने पास रखे। पीड़ा पहुँचाने वाले ग्रहों की पूजा कर उन्हें भी प्रसन्न करें। मानसिक तनाव दूर करने के लिये चन्द्र स्तोत्र का जप करे। सोमवार का व्रत रखना भी सुखदायी होता है। श्वेत वस्तुओं को एक वैश्य स्त्री को दान करना शुभ रहता है। उदाहरण के लिये चन्द्र पीड़ित जातक की नीचे एक कुण्डली देखे।

उदाहरण कुण्डली

यह जन्म के तीन वर्ष के बाद हुई मानसिक पीड़ा से व्यथित एक बालक की जन्मकुण्डली है। बालक इस समय किशोरावस्था में है। बालक की जन्म तिथि 07-05-1999 है। उसकी जन्मकुण्डली देखने से ज्ञात हुआ कि जन्म के समय सूर्य की महादशा के अंतिम 00 वर्ष 08 मास 17 दिन शेष थे। चन्द्र महादशा में राहु की अन्तर्दशा चल रही थी। वह कुछ भी कहने/बोलने में असमर्थ था। उसे पेशाब सम्बन्धी भी परेशानी थी। माता ही उसकी हर प्रकार की देख भाल करती जैसे बुलाना, समझाना, पेशाब कराना, नहलाना, खाना खिलाना आदि। इस कुण्डली में जन्म लग्न व चन्द्र लग्न दो लग्न दानवी राशि की हैं। सूर्य लग्न दैवी राशि की है। फल बहुमत की दानवी लग्नों से देखा और जाना जा सकता है। दोनों लग्नों पर पाप प्रभाव हॉबी है।

चन्द्र पीड़ा के कारण

अंग्रेजी तिथि 24-12-2002 से चन्द्र महादशा में गुरु की अन्तर्दशा आने के बाद यह स्थिति अधिक तीव्रतर हो गयी। चन्द्र चतुर्थ भाव में शनि की मकर राशि में केतु के साथ विराजमान है और राहु व मंगल ग्रहों की पूर्ण दृष्टि में है। शनि भी उसे पूर्ण दृष्टि से देख रहा है। गुरु षष्ठ भाव में स्वराशि मीन में एकाकी बैठा है। यह स्थिति ठीक नहीं है। यह राहु को देख रहा है और राहु की भी गुरु पर पूर्ण दृष्टि है। लग्न भाव, लग्नेश, द्वितीयेश व बुध शनि के पाप प्रभाव तथा पूर्ण दृष्टि में है। मंगल और बुध दोनों की परस्पर एक दूसरे पर दृष्टि है। चन्द्र और गुरु दोनों ही निर्बल होकर पाप प्रभाव से सर्वाधिक पीड़ित हैं। अतः ऐसी स्थिति में डॉक्टरी सलाह के साथ चन्द्र के उपाय करने की आवश्यकता है। सुधार की संभावना हो सकती है।

जन्म कुण्डली

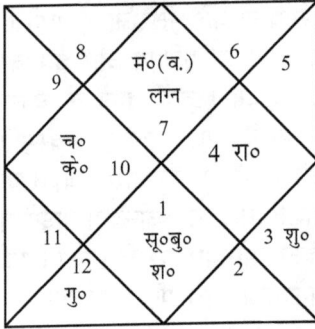

8
मं०(व.)
लग्न
6
5
9
7
च०
के० 10
4 रा०
1
11
सू०बु०
3 शु०
12
श०
2
गु०

नवांश कुण्डली

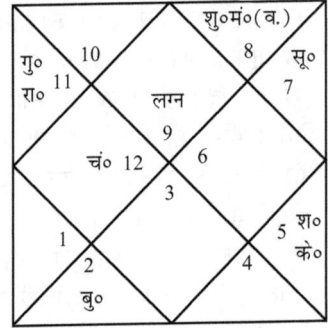

शु०मं०(व.)
गु० 10
8
सू०
रा० 11
7
लग्न
9
6
3
1
5 श०
के०
2
4
बु०

कुण्डली संख्या 3

मंगल ग्रह के उपाय व उदाहरण

मंगल एक अग्नि तत्त्व पापग्रह है। स्वभाव से यह ब्रह्मचारी प्रवृति का ग्रह है। यह निड़रता और हिम्मत का प्रतीक है। नवीनतम शोध अनुसार इसकी सतह पर जल पाया गया है। अनिष्टकारी अर्थात् बलहीन होने पर स्वास्थ्य हानि, छाती के रोग, आयुक्षीणता, रक्तविकार, सूखा रोग, बबासीर, हिंसक आदतें, मंगलीक दोष, दुर्घटना, मान-अपमान उत्पन्न करता है। ऐसी स्थिति में शनि, राहु पीड़ित मंगल को बलवान करने लिये जातक/जातिका को चाँदी धातु की अँगूठी में मूँगा रत्न जड़वाकर मंगलवार के दिन प्रथम होरा में पहननी चाहिए। तीनमुखी रुद्राक्ष सदैव अपने पास रखे। पीड़ा पहुँचाने वाले ग्रहों की पूजा-अर्चना व जपादि करना चाहिए। मंगलवार का व्रत, हनुमान भक्ति, सुन्दरकाण्ड का पाठ करना भी लाभदायक होता हैं। लाल वस्तुओं का एक ब्रह्मचारी को दान करना शुभ रहता है। मंगल पीड़ित जातक की नीचे एक कुण्डली देखे।

उदाहरण कुण्डली

यह एक सुसम्पन्न परिवार से सम्बन्धित कैंसर पीड़ित कन्या की जन्मकुण्डली है। कन्या की जन्मतिथि 14-04-1994 है। जन्म के समय सूर्य की दशा के अंतिम 02 वर्ष 08 मास 06 दिन शेष थे। मंगल की महादशा में गुरु की अन्तर्दशा आने के बाद घुटने में दर्द रहने लगा। चलने फिरने में परेशानी होने लगी। कन्या के पिता मेरे पास कारण व निवारण जानने आये। बाद में डॉक्टर को दिखाने से पता लगाा कि वह घुटने में कैंसर रोग की शुरुवात थी। माता-पिता परेशान थे। स्कूल जाने वाली लड़की ने साल बाद ही बिस्तर पकड़ लिया। इसमें जन्म लग्न और चन्द्र लग्न दानवी राशि की है। सूर्यलग्न दैवी राशि की हैं। फल बहुमत की लग्न जन्म लग्न व चन्द्रलग्न से देखा व जाना जा सकता है। दोनों लग्न पापग्रह राहु-केतु की दृष्टि में हैं।

मंगल पीड़ा के कारण

अंग्रेजी तिथि 05-06-2008 से मंगल महादशा में गुरु की अन्तर्दशा आने के बाद से यह स्थिति उत्पन्न हुई है। मंगल ग्रह सूर्य व शनि ग्रहों के पाप मध्यत्व में है। नीचराशिस्थ शत्रु बुध मंगल के साथ गुरु की मीन राशि में बैठा है। राहु की मंगल पर पूर्ण दृष्टि है। गुरु षष्ठ भाव में त्रिक भाव में शत्रु शुक्र की तुला राशि में बैठा है और शुक्र व सूर्य की पूर्ण दृष्टि में हैं। स्वयं मंगल की भी गुरु पर पूर्ण दृष्टि है। अतः मंगल व गुरु दोनों पाप प्रभाव में है। केतु चन्द्र के साथ लग्न में बैठा है। मंगल की दोनों राशियों मेष व वृश्चिक पर शनि ग्रह की पूर्ण दृष्टि है। मंगल पूर्णरुपेण निर्बल व पापपीड़ित होने व गुरु पर भी राहु की कुदृष्टि होने से कैंसर की यह स्थिति दिन प्रतिदिन तीव्र से तीव्रतर होती जा रही है। ऐसी स्थिति में डॉक्टरी सलाह के साथ मंगल के उपाय करना शुभ होता है। शेष प्रभु आधीन। समुचित उपाय उपर दिये गये हैं।

जन्म कुण्डली

नवांश कुण्डली

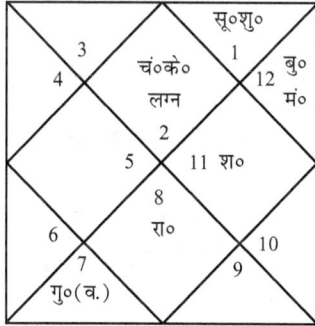

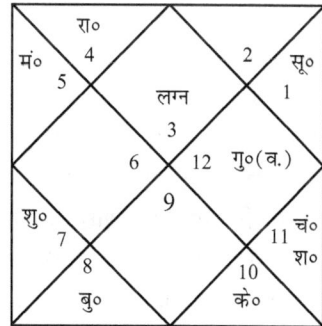

कुण्डली संख्या 4

बुध ग्रह के उपाय व उदाहरण

बुध ग्रह को राजकुमार का दर्जा दिया गया है। विद्या, बुद्धि व वाणी का प्रतिनिधि है। अनिष्टकारी अर्थात् बलहीन होने पर सिर पर चोट, कमजोरी, मन्दाग्नि, पागलपन, अंतड़ियों के रोग-हरनिया आदि, गुप्तेन्द्रिय रोग, कन्या संतान, पिता व भाई-बहन को कष्ट, धर्म में अरुचि दे सकता है। जातक भ्रमणशील होता है। जातक की अकाल मृत्यु भी हो सकती है। ऐसी स्थिति में सूर्य, मंगल, शनि, राहु, केतु द्वारा पीड़ित बुध को बलवान करने लिये जातक/जातिका को सोने/चाँदी धातु की अँगूठी में पन्ना रत्न जड़वाकर बुधवार की प्रथम होरा में कनिष्टका अँगुली में पहननी चाहिए। चारमुखी रुद्राक्ष गले में पहनना चाहिए। पीड़ा पहुँचाने वाले ग्रहों की पूजा-अर्चना, जपादि करना चाहिए। अपने निकटस्थ खून के रिश्तेदार भी चाहे तो पीड़ाकारी ग्रहों के रत्न पहन सकते हैं। उससे भी बुध ग्रह पीड़ा कम होती है। हरी वस्तुएँ योग्य छात्र को दान करें। बुध पीड़ित जातिका की नीचे एक कुण्डली देखें।

उदाहरण कुण्डली

यह एक सुसम्पन्न परिवार से सम्बन्धित महिला की जन्मकुण्डली है। महिला की जन्मतिथि 07-02-1972 है। महिला की दो किशोरी पुत्रियाँ हैं। पति एक अच्छे व्यवसायी हैं। जन्म के समय राहु की दशा के अंतिम 02 वर्ष 01 मास 25 दिन शेष थे। बुध की महादशा में शुक्र की अन्तर्दशा आते ही मन अशान्त रहने लगा। तभी से पति व परिवार के साथ कटुता व जड़ता का व्यवहार करती आ रही हैं। महिला कभी-कभी घर से भागने को उद्यत हो जाती है। महिला की कुण्डली में जन्मलग्न दैवी राशि की है। चन्द्रलग्न व सूर्यलग्न दानवी राशि की हैं। फल बहुमत की दानवी राशि की लग्न चन्द्र लग्न व सूर्य लग्न से देखा व जाना जा सकता है। दोनों लग्न पापग्रह की दृष्टि में हैं।

बुध पीड़ा के कारण

अंग्रेजी तिथि 26-08-2012 से बुध महादशा में शुक्र की अन्तर्दशा आने के बाद यह स्थिति उत्पन्न हुई। बुध ग्रह 46 प्रतिशत अस्त है। द्वितीय भाव में राहु, सूर्य के साथ बैठा है। अत: पाप प्रभाव में है। केतु की बुध, शुक्र पर पूर्ण दृष्टि है। सप्तम भाव में बुध राशि मिथुन शनि व केतु के पाप प्रभाव में है।बुध इस राशि से आठवें तथा बुध से यह राशि षष्ठ भाव/त्रिक भाव/अशुभ भाव में पड़ती हैं। एकादश भाव में शुक्र की मूलत्रिकोण राशि तुला पर तथा राशि में स्थित चन्द्र पर भी पापग्रह मंगल की पूर्ण दृष्टि है। इस प्रकार बुध के पूर्णरुपेण निर्बल व पीड़ित होने एवं शुक्र पर केतु की दृष्टि तथा शुक्र की तुला राशि पर व अष्टमेश चन्द्र पर पापग्रह मंगल की पूर्ण दृष्टि से मानसिक विकार/बुद्धिविकार/पागलपन की यह स्थिति प्रतिदिन तीव्र से तीव्रतर होती जा रही है। ऐसी स्थिति में बुध के उपाय करने की आवश्यकता है। उपाय ऊपर दिये गये हैं।

जन्म कुण्डली

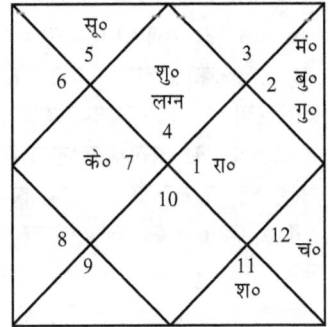

नवांश कुण्डली

कुण्डली संख्या 5

गुरु ग्रह के उपाय व उदाहरण

गुरु ग्रह सूर्य के बाद आकार में सभी ग्रहों से बड़ा है। यह प्रथम श्रेणी का आकाश तत्त्व पुरुषकारक ग्रह है। शास्त्रविद्यानिपुण गुरु ज्ञान का अधिष्ठाता व धर्म का प्रतीक है। गुरु को सुरगुरु की उपाधि दी गयी है। अनिष्टकारी अर्थात् बलहीन होने पर गुरु जातक को जड़बुद्धि करता है। उसके जीवन में दाम्पत्य सुख का अभाव, पुत्र संतान की कमी, पुत्री के विवाह में विलम्ब, पिता को कष्ट, बड़े भाई से विरोध, धन का नाश, अनिद्रा की बीमारी, कफकारी रोग पैदा करता है। ऐसी स्थिति में शनि, राहु, केतु, सूर्य, मंगल पीड़ित गुरु को बलवान करने लिये जातक/जातिका को स्वर्ण धातु की अँगूठी में पीत पुखराज रत्न जड़वाकर गुरुवार की प्रथम होरा में तर्जनी अँगुली में पहनना चाहिए। पंचमुखी रुद्राक्ष माला व गुरु यंत्र पास रखे। पीड़ा पहुँचाने वाले ग्रहों की पूजा-अर्चना, जपादि करे। पीली वस्तुओं का योग्य ब्राह्मण को दान करें। उदाहरण के लिये गुरु पीड़ित जातक की नीचे कुण्डली देखे।

उदाहरण कुण्डली

यह एक धार्मिक वृति के व्यक्ति की जन्मकुण्डली है। जातक की जन्मतिथि 05-10-1938 है। मायामोह से परे धार्मिक वृति के इस युवा को जीवन के 27 वर्ष पूरे करते ही वैराग्य से प्रेम हो गया। अपने कुटुम्ब व घर से दूर चला गया। सबसे पृथक् होकर साधु बन गया और सिद्धि प्राप्ति में जुट गया। इस जन्मकुण्डली को देखने से ज्ञात होता है कि जन्म के समय मंगल की महादशा के अंतिम 05 वर्ष 10 मास 02 दिन शेष थे। यह महानुभाव शीघ्रातिशीघ्र ख्याति प्राप्त करना चाहते थे। इनकी कुण्डली में जन्म लग्न व सूर्य लग्न दोनों लग्न दैवी राशि की हैं, जबकि चन्द्र लग्न दानवी राशि की है। अत: फल बहुमत वाली दोनों दैवी लग्नों से देखा और जाना जा सकता है।

गुरु पीड़ा के कारण

अंग्रेजी तिथि 25-09-1964 से गुरु महादशा में शनि की अन्तर्दशा आने के बाद यह स्थिति उत्पन्न हुई। द्वितीय भाव में सूर्य लग्नेश बुध अपनी उच्च राशि कन्या में जन्म लग्नेश सूर्य के साथ बैठा है। दोनों चन्द्र लग्नेश शनि को देख रहे हैं। चन्द्र लग्नेश वक्री शनि अष्टम भाव में गुरु की राशि मीन में बैठकर सूर्य लग्नेश बुध व जन्म लग्नेश सूर्य को पूर्ण दृष्टि से देख रहा है। अत: सभी लग्न परस्पर पाप प्रभाव में है। केतु की जन्म लग्न व लग्न में बैठे मंगल पर पूर्ण दृष्टि है। नीचराशिस्थ गुरु की भी बुध, सूर्य पर पूर्ण दृष्टि है। शनि, केतु व मंगल की अपने अधिष्ठित स्थान से गुरु की मूलत्रिकोण राशि के पंचम भाव पर दृष्टि है। गुरु पाप प्रभाव से पीड़ित है। ऐसी स्थिति में गुरु के उपाय करने की आवश्यकता होती है। उपाय उपर दिये गये हैं।

जन्म कुण्डली

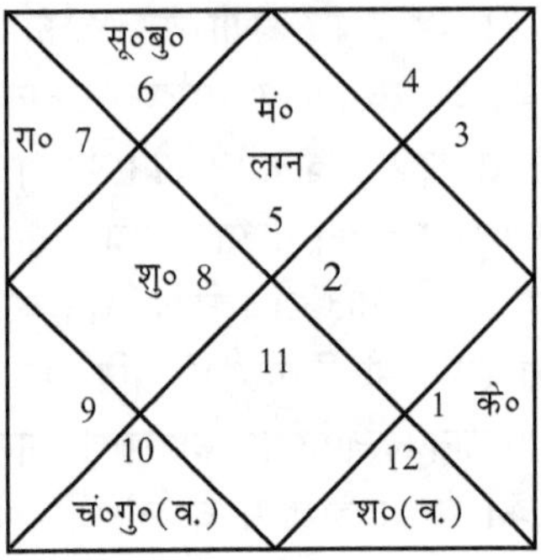

सू०बु०
6
मं०
लग्न
5
4
3
रा० 7
शु० 8
2
11
9
10
1 के०
12
चं०गु०(व.)
श०(व.)

नवांश कुण्डली

चं०
5
सू०
3
गु०(व.)
6
शु०
लग्न
4
2
रा०
बु०
7
1
10
श०(व.)
मं०
8
के०
9
12
11

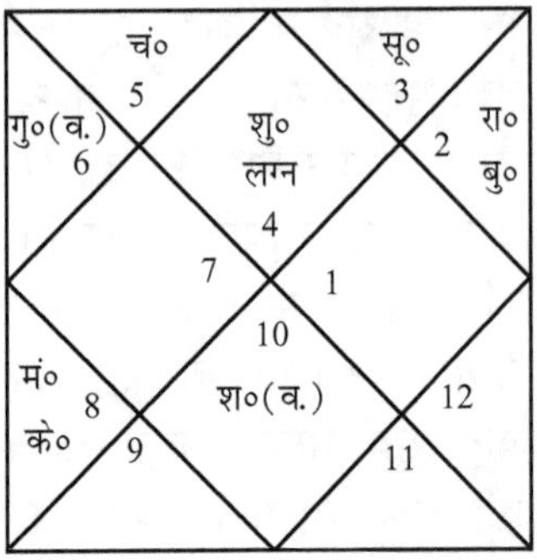

कुण्डली संख्या 6

शुक्र ग्रह के उपाय व उदाहरण

शुक्र बुध के सर्वाधिक नजदीक रहने वाला एक आकर्षक व चमकीला ग्रह है। यह पुरुष कुण्डली में स्त्रीकारक ग्रह है। यह सुख का अधिष्ठाता, मृत्युसंजीवनीविद्याजनित ग्रह है। इसे दानवों का गुरु अर्थात् असुरगुरु की उपाधि दी गयी है। अनिष्टकारी अर्थात् बलहीन होने पर शुक्र जातक की आयु को कम करता है। गले के रोग, कफ व पित्त सम्बन्धी रोग व गुप्तेन्द्रिय रोग देता है। दाम्पत्य जीवन में दरार पैदा करता है। परिवहन के कार्यों की हानि व धन का नाश करता है। ऐसी स्थिति में शनि, राहु, केतु, मंगल, सूर्य पीड़ित शुक्र को बलवान करने लिये जातक/जातिका को चाँदी या प्लेटीनम की श्वेतधातु अँगूठी में हीरा रत्न जड़वाकर शुक्रवार की प्रथम होरा में अनामिका अँगुली में पहने। छ:मुखी रुद्राक्ष व शुक्र यंत्र पास रखे। पीड़ा पहुँचाने वाले ग्रहों की पूजा-अर्चना, जपादि करे। श्वेत वस्तुओं का युवा स्त्री को दान करें। उदाहरण के लिये शुक्र पीड़ित जातक की नीचे कुण्डली देखे।

उदाहरण कुण्डली

यह एक ऐसी सुशील व सुशिक्षित महिला की जन्मकुण्डली है, जिसे जीवन के 23 वें वर्ष में क्षय रोग की पीड़ा सहनी पड़ी। किन्तु अगले वर्ष ही वह पूर्णरुपेण स्वस्थ होगयी और आज भी स्वस्थ हैं। महिला की जन्मतिथि 20-02-1970 है। उसकी जन्मकुण्डली देखने से ज्ञात होता है कि जन्म के समय बुध की महादशा के अंतिम 08 वर्ष 06 मास 24 दिन शेष थे। शुक्र की महादशा में मंगल की अन्तर्दशा आते ही उन्हें क्षय रोग से गुजरना पड़ा। उनका मन दु:खी हो गया। वह एक प्रकार से टूट सी गयी। इसमें जन्मलग्न व सूर्यलग्न दो दानवी राशि की लग्न हैं। चन्द्र लग्न दैवी राशि की है। फल दानवी लग्नों से देखा और जाना जा सकता है।

शुक्र पीड़ा के कारण

अंग्रेजी तिथि 14-11-1992 से शुक्र महादशा में मंगल की अन्तर्दशा आने के बाद यह स्थिति उत्पन्न हुई। शुक्र ग्रह 37 प्रतिशत अस्त है। द्वितीय भाव में राहु, सूर्य के साथ बैठा है। अत: पाप प्रभाव में है। केतु की भी शुक्र पर पूर्ण दृष्टि है। चतुर्थ

भाव में बैठा नीचराशिस्थ लग्नेश व द्वितीयेश शनि भी केतु के पाप प्रभाव में है। षष्ठेश बुध लग्न में बैठा है। इस पर शनि की पूर्ण दृष्टि है। शनि व मंगल की षष्ठ भाव/त्रिक भाव/अशुभ भाव पर व शुक्र की तुला राशि के दशम भाव पर पूर्ण दृष्टि है। राहु की भी दशम भाव में शुक्र की मूलत्रिकोण राशि तुला व उसमें बैठे गुरु पर पूर्ण दृष्टि है। इस प्रकार शुक्र पूर्णरुपेण निर्बल व पाप पीड़ित होने एवं मंगल के पाप मध्यत्व में होने से यह स्थिति तीव्रतर हुई। किन्तु शीघ्र ही स्वस्थ हो गयी। ऐसी स्थिति में शुक्र के उपाय करने की आवश्यकता होती है। उपाय ऊपर दिये गये हैं।

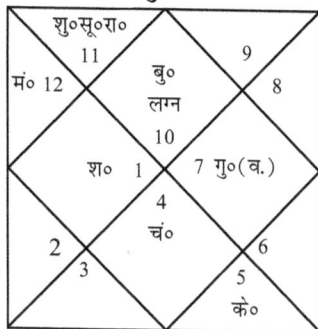

जन्म कुण्डली

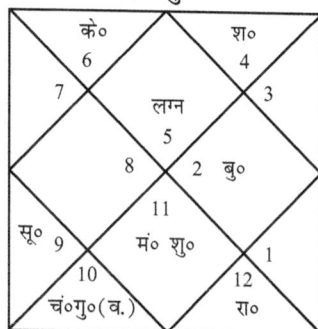

नवांश कुण्डली

कुण्डली संख्या 7

शनि ग्रह के उपाय व उदाहरण

शनि को प्रथम श्रेणी का पापग्रह माना गया है। यह सूर्य का पुत्र है किन्तु अपने पिता से शत्रुता रखता है। इसे यमराज भी कहा जाता है। यह योगी व सन्यासियों का पालनहार है। यह संघर्ष का अधिष्ठाता ग्रह है। अनिष्टकारी अर्थात् बलहीन होने पर शनि जातक की टांगों को कमजोर करता है। जातक जड़बुद्धि और व्यसनी होता है। उसका छोटे भाई-बहन से विरोध रहता है। शारीरिक कष्ट, जमीन-जायदाद की कमी, पुत्र से कष्ट होता है। नास्तिक विचार पनपते हैं। पत्नी की आयु क्षीण करता है। ऐसी स्थिति में सूर्य, मंगल, राहु, केतु, पीड़ित शनि को बलवान करने लिये जातक स्वर्ण धातु की अँगूठी में नीलम रत्न जड़वाकर शनिवार को मध्यमा अँगुली में पहने। सातमुखी रुद्राक्ष व शनि यंत्र पास रखे। शनि स्तोत्र का पाठ करे। पीड़ा पहुँचाने वाले ग्रहों की पूजा-अर्चना करे। काली वस्तुओं का एक निर्धन वृद्ध को दान करे। शनि पीड़ित जातिका की नीचे एक उदाहरण कुण्डली देखे।

उदाहरण कुण्डली

यह भारत की महिला प्रधानमन्त्री श्रीमती इन्दिरा गांधी की जन्मकुण्डली है। उन्हें प्रधानमन्त्रित्व काल के जीवन में एक बार हार का मुख देखना पड़ा। किन्तु शीघ्र ही वह पुनः प्रधान मन्त्री बनी। श्रीमती इन्दिरा गांधी की जन्मतिथि 19-11-1917 है। उसकी जन्मकुण्डली देखने से ज्ञात होता है कि जन्म के समय सूर्य की महादशा के अंतिम 01 वर्ष 11 मास 23 दिन शेष थे। शनि की महादशा में चुनाव में हार से उनका मन दुःखी होगया। वह एक प्रकार से टूट सी गयी। किन्तु शीघ्र ही सम्भल

गयी। इसमें जन्म लग्न व सूर्य लग्न दो दैवी राशि की हैं। चन्द्र लग्न दानवी राशि की है। फल दैवी लग्नों से देखा और जाना जा सकता है।

शनि पीड़ा के कारण

अंग्रेजी तिथि 03-09-1977 से शनि महादशा में शुक्र की अन्तर्दशा आने के बाद यह स्थिति उत्पन्न हुई। जन्म लग्न से शनि सप्तम व अष्टम भाव का स्वामी होकर लग्न भाव में पाप कर्तरी योग के अन्तर्गत बैठा है। मंगल शनि के अष्टम भाव को भी देख रहा है। चन्द्र की भी शनि पर पूर्ण दृष्टि है। शुक्र के साथ षष्ठ भाव में राहु स्थित है। शुक्र पर केतु की भी दृष्टि है। केतु शनि के अष्टम भाव को भी देख रहा है। गोचर के शनि से राहु तृतीय भाव में विराजमान है। सूर्य लग्न से शुक्र दूसरे व शुक्र से शनि अष्टम भाव अशुभ भाव में बैठा है। फलस्वरुप श्रीमती इन्दिरा गांधी जी पर मुकदमा भी चला। मुकदमे का फैसला उनके विरुद्ध हुआ और वह चुनाव हार गयी। ऐसी स्थिति में शीघ्र उभरने के लिये शनि के विशेष उपाय करने की आवश्यकता होती है। उपाय ऊपर दिये गये हैं।

जन्म कुण्डली

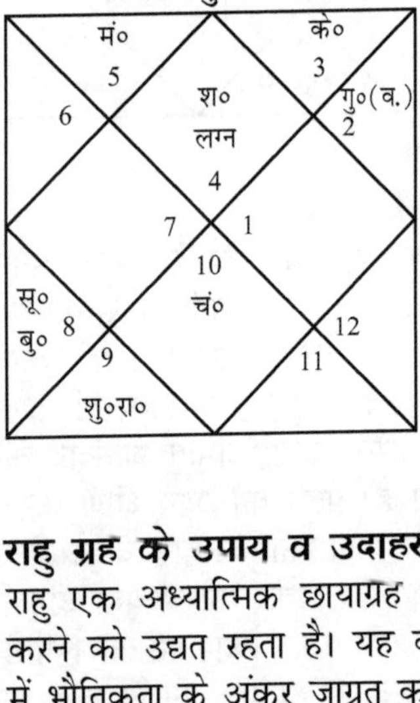

नवांश कुण्डली

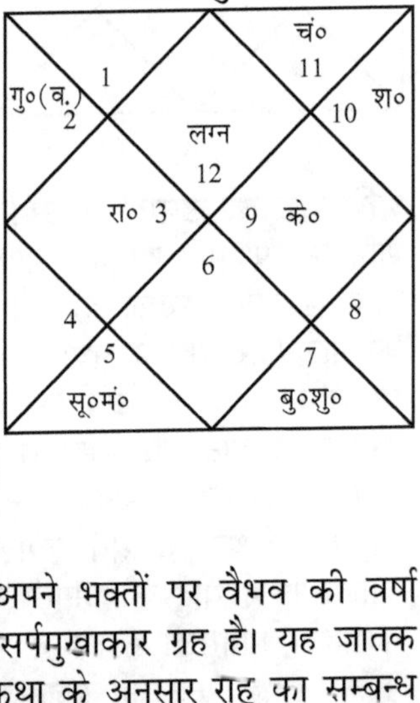

कुण्डली संख्या 8

राहु ग्रह के उपाय व उदाहरण

राहु एक अध्यात्मिक छायाग्रह है। यह सदैव ही अपने भक्तों पर वैभव की वर्षा करने को उद्यत रहता है। यह काले नीले रंग का सर्पमुखाकार ग्रह है। यह जातक में भौतिकता के अंकुर जाग्रत करता है। पौराणिक कथा के अनुसार राहु का सम्बन्ध पाताल लोक पर शासन करने वाले नागवंशी राजाओं से है। यह सूर्य, चन्द्र के शुभत्व को भी नष्ट कर देता है। सूर्यग्रहण व चन्द्रग्रहण इसी की देन हैं। राहु 1, 4, 5, 7, 8, 12 भावों में होने पर अनैतिक कार्यो में लीन रखता है। आत्महनन की प्रवृति पैदा करता है। वैवाहिक जीवन में अड़चनें, दाम्पत्य सुख की कमी, जनेन्द्रिय रोग व संतान कष्ट लाता है। कालसर्प दोष का द्योतक है। ऐसी स्थिति में शनि, मंगल आदि से पीड़ित राहु को अपने पक्ष में करने लिये जातक चाँदी धातु की अँगूठी में गोमेद रत्न जड़वाकर शनिवार को पहने। आठमुखी रुद्राक्ष पास रखे। राहु मन्त्र का जप करे। नित्य भगवान शिव के दर्शन करे। आगे उदाहरण कुण्डली देखे।

उदाहरण कुण्डली

यह जीवन के 40 वें वर्ष पूरे करने वाली एक अधेड़ औरत की जन्मकुण्डली है। जातिका की जन्मतिथि 04-01-1973 है। धार्मिक वृति की यह औरत न तो सन्यास की ओर कदम बढ़ा सकी और न विवाहित जीवन का सुख भोग सकी। इस जन्मकुण्डली को देखने से ज्ञात होता है कि जन्म के समय शुक्र की महादशा के अंतिम 13 वर्ष 09 मास 23 दिन शेष थे। अध्यात्मिक दृष्टि से उसके सन्यास की दीक्षा लेने के योग भी हैं। गुप्त विद्याओं के प्रति आकर्षण और अध्यात्मिक साधना में रुचि भी प्रतीत होती है। इसमें चन्द्र लग्न व सूर्य लग्न दो लग्न दैवी राशि की हैं और जन्म लग्न दानवी राशि की हैं। फल बहुमत वाली दैवी लग्नों से देखा और जाना जा सकता है।

राहु पीड़ा के कारण

चन्द्र लग्न व सूर्य लग्न के अध्यात्मिक साधना के जन्म लग्न से अष्टम भाव में एक साथ सूर्य, चन्द्र, बुध, गुरु व राहु बैठे हैं। चन्द्र, अष्टमेश गुरु व कुटुम्ब भावेश बुध पूर्णरुपेण राहु-केतु के पाप प्रभाव में हैं। निर्बल और अस्त हैं। अमावस का जन्म भी अशुभ माना गया है। सप्तम भाव में बैठे जन्मलग्नेश शुक्र मंगल से पीड़ित है। मंगल की लग्न, लग्न में बैठे योगकारक शनि व द्वितीय भाव कुटुम्ब भाव पर भी पूर्ण दृष्टि है। शुक्र व शनि भी पीड़ित हैं। अत: न साधना में ही ध्यान रहा और न विवाहित जीवन का सुख मिला। अंग्रेजी तिथि 09-04-2012 तक राहु महादशा में राहु की अन्तर्दशा थी। ऐसी स्थिति में वर्तमान में राहु के उपाय करने की आवश्यकता है। भविष्य में राहु महादशा एवं गुरु अन्तर्दशा में विवाहित सुख मिल सकता है।

जन्म कुण्डली

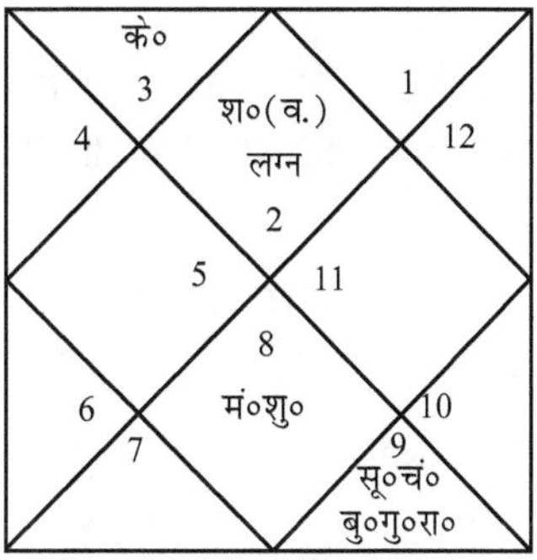

नवांश कुण्डली

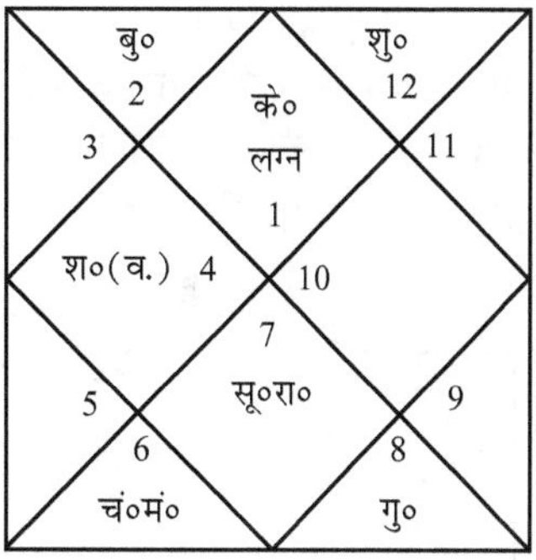

कुण्डली संख्या 9

केतु ग्रह के उपाय व उदाहरण

केतु एक अध्यात्मिक छायाग्रह है। यह सिररहित शरीर है। जातक के अध्यात्मिकता की ओर जाने पर पथ प्रदर्शक का काम करता है। उसे मोक्ष धाम तक पहुँचाता है। यह जातक के मानसिक संतुलन को प्रभावित करता है। केतु 1, 2, 4, 5, 7, 8, 11 भावों में होने पर आत्महत्या का उद्वेग उत्पन्न करता है। जनेनन्द्रिय रोग, अशान्त व अस्थिर

प्रवृति, पुत्राभाव, कामुकता, कदाचार व मायामोह से विरक्ति देता है। ऐसी स्थिति में शनि, मंगल, सूर्य आदि से पीड़ित केतु को अपने पक्ष में करने लिये जातक चाँदी धातु की अँगूठी में लहसुनिया रत्न जड़वाकर मंगलवार को पहने। नौमुखी रुद्राक्ष व केतु यन्त्र पास रखे। केतु मन्त्र का जप या श्रीगणेश सहस्त्रनाम का पाठ करे। काली वस्तुओं का जैसे सतनाजा, काले तिल, काला कम्बल, लोहा एक युवा पुरुष को दान करे। उदाहरण के लिये केतु पीड़ित जातक की नीचे उदाहरण कुण्डली देखे।

उदाहरण कुण्डली

यह एक सुरक्षा अधिकारी की जन्मकुण्डली है। जातक की जन्मतिथि 12-01-1925 है। धावक वृति का यह युवा जीवन का 20वाँ वर्ष पूरा पूरे करते ही घुटनों की चोट की चपेट में आ गया और काफी दिनों तक इस पीड़ा से परेशान रहा। इस जन्मकुण्डली को देखने से ज्ञात होता है कि जन्म के समय बुध की महादशा के अंतिम 14 वर्ष 05 मास 27 दिन शेष थे। यह महानुभाव दौड़ने के शौकीन थे। दौड़ने के दौरान गाड़ी से टकराकर घुटनों में चोट लगा बैठे। इनकी कुण्डली में जन्म लग्न, चन्द्र लग्न व सूर्य लग्न तीनों लग्न दैवी राशि की हैं। अत: फल बहुमत वाली तीनों दैवी लग्नों से देखा और जाना जा सकता है।

केतु पीड़ा के कारण

कुण्डली में केतु शनि राशि मकर में बैठकर चन्द्र लग्न व चन्द्र लग्नेश चन्द्र को पूर्ण दृष्टि से देख रहा है। कालपुरुष के दशम अंग घुटनों को चोट पहुँचा रहा है। शनि की सूर्य लग्न व सूर्य लग्नेश गुरु पर तथा चन्द्र लग्न व चन्द्र लग्नेश चन्द्र पर पूर्ण दृष्टि है। जन्म लग्न शनि व सूर्य के पाप मध्यत्व में अर्थात् पाप कर्तरी योग में है। राहु की भी लग्न पर पूर्ण दृष्टि है। जन्म लग्नेश की शनि पर पूर्ण दृष्टि है। मंगल केतु को बल दे रहा है। अत: केतु का घातक प्रभाव दोगुना होगया है। शनि ग्रह व मकर राशि पीड़ित हैं। अंग्रेजी तिथि 06-11-1944 से केतु की महादशा में शनि की अन्तर्दशा थी। ऐसी स्थिति में केतु के उपाय करने की आवश्यकता होती है। उपाय ऊपर दिये गये हैं।

जन्म कुण्डली

नवांश कुण्डली

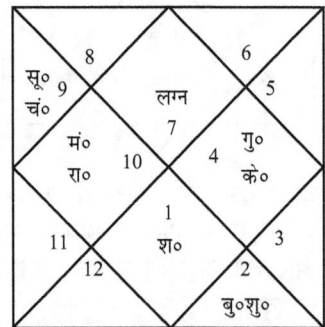

कुण्डली संख्या 10

अध्याय 《3》

लाल किताब आधारित साधारण उपाय/टोटके
(Simple Solutions Based on Lal Kitab)

लाल किताब कब, कहाँ मिली और इसका प्रकाशन कब हुआ?

आजकल लाल किताब का बड़ा नाम है। कहा जाता है कि अठारहवीं शताब्दी में लाहौर शहर में जमीन की खुदाई के दौरान ताम्रपात्र में रखी लाल रंग के टाईटिल कवर की एक किताब तत्कालीन रक्षा लेखा विभाग के अधिकारी, ज्योतिष व कर्मकाण्ड के ज्ञाता पंडित श्री गिरधारी लाल शर्मा को प्राप्त हुई। सन् 1939 में उर्दू भाषा में यह लाल किताब नाम से प्रकाशित हुई। यह 1172 पृष्ठों की एक बहुत बड़ी मोटी पुस्तक है। ज्योतिषीय दृष्टिकोण को ध्यान में रखते हुये फलित विषय पर इसमें कुछ ऐसे उपाय/टोटके दिये हैं, जो वैज्ञानिक आधार पर सही और अनुभवसिद्ध प्रतीत होते हैं। इसमें भावों में राशियों को स्थायी माना है। ग्रहों के पक्के घर अर्थात् कारकत्व को महत्त्व दिया गया है। प्रथम भाव का सूर्य, द्वितीय भाव का गुरु, तृतीय भाव का मंगल, चतुर्थ भाव का चन्द्र, पंचम भाव का गुरु, षष्ठ भाव का केतु, सप्तम भाव का शुक्र व बुध, अष्टम भाव का मंगल व शनि, नवम भाव का गुरु, दशम भाव का शनि, एकादश भाव का गुरु, द्वादश भाव का राहु को कारक माना है। स्मरण रहे कि प्रत्येक ग्रह का अपनी राशि का स्वामित्व निश्चित है, चाहे वह किसी अन्य ग्रह की राशि में ही क्यों न बैठा हो। वह सदैव अपनी निश्चित राशि का ही शुभ फल देगा, चाहे वह राशि किसी दूसरे ग्रह का पक्का घर ही क्यों ना हो। संक्षिप्त रुप में लाल किताब आधारित अनिष्ट ग्रहों के उपाय/टोटके निम्नलिखित हैं। टोटके से तात्पर्य साधारण उपाय से है। अत: उपाय व टोटके दोनों एक-दूसरे के पर्याय हैं।

अशुभ/अनिष्ट सूर्य के उपाय

सूर्य नैसर्गिक रुप से पंचम राशि सिंह व पंचम भाव का स्वामी है और प्रथम, नवम व दशम भाव का कारक है। यह एक क्रूर ग्रह है। शनि, राहु, केतु तथा मंगल पापग्रहों की युति/दृष्टि से जब यह निर्बल व पीड़ित होता है तो लाल किताब के निम्नलिखित उपाय/टोटके सूर्य को सबल व सशक्त करने में महत्त्वपूर्ण भूमिका निभाते हैं। इससे जातक को शान्ति मिलती है और सूर्य सम्बन्धी कष्ट दूर होते

हैं-जैसे उदर रोग, नेत्र कष्ट, मूत्रविकार, छींक आना, बबासीर आदि। इससे जातक हृदय रोग, हड्डियों की बीमारी, राज्य सरकार द्वारा हो रही परेशानी से पीड़ित रहता है। प्रभावित अंगो में पेट, पीठ, कमर प्रमुख हैं।

प्रथम भाव

1. सार्वजनिक स्थानों यथा मेन बाजार, बस स्टेण्ड, रेलवे स्टेशन आदि पर नल या प्याउ लगवाना।
2. धर्म स्थानों, अनाथालयों, प्राथमिक विद्यालयों में अनाज, उड़द-चने की दाल, तेल, बादाम, नारियल, दवाई दान करना।
3. रविवार के दिन विष्णुदेवता की पूजा करना और यथाशक्ति देशी खांड़, दाल मसूर, सौंफ, छुवारे, शहद का दान करना।
4. सात्विक वस्तुओं का सेवन करना तथा तामसिक वस्तुओं यथा मांस, मछली, शराब का त्याग करना।
5. कार्य शुभारम्भ करने से पूर्व गुड़ का मीठा जल/शर्बत पीना।
6. सत्कर्म करना व सच्चरित्रता का पालन करना।

द्वितीय भाव

1. सूर्य देव अर्थात् सूर्य ग्रह को प्रातः अर्घ्य देना व नमस्कार करना।
2. धर्म स्थानों, अनाथालयों, प्राथमिक विद्यालयों में अनाज, उड़द-चने की दाल, तेल बादाम, नारियल, दवाई दान करना।
3. अनाज, धान, हरी सब्जियाँ मुफ्त में न लेना।
4. जमीन-जायदाद के झगड़ों/मुकदमों से दूर रहना।
5. सत्य भाषण करना।
6. ताम्बे का सिक्का बहते जल में छोड़ना।

तृतीय भाव

1. सूर्य को नाम मन्त्र (ॐ घृणि सूर्याय नमः) का उच्चारण करते हुये गुड़ के मीठे जल/शर्बत से अर्घ्य देना।
2. रविवार का व्रत रखना और भजन कहना, सुनना।
3. परिवार के वृद्ध व्यक्तियों का आशीर्वाद लेना व भाई-भतीजों की मदद करना।
4. विष्णुदेव के मन्दिर में पूजा उपरान्त दूध, चावल, चीनी, बर्फी आदि का दान करना।
5. शुभ दिन या जन्म दिन पर गंगा के पवित्र जल में स्नान करना।
6. नियमानुसार चरित्रपालन करना।

चतुर्थ भाव

1. भूआ व बहन के बच्चों की सेवा करना।

2. निवास स्थान या निवास स्थान की शुभता हेतु अन्धे व्यक्तियों को अन्न, फल, वस्त्र दान करना।
3. पिता की व्यवसाय वृद्धि हेतु गुड़ के मीठे जल/शर्बत का सूर्य को नाम मन्त्र उच्चारण करते अर्घ्य देना।
4. रविवार को बांये हाथ की अनामिका अँगुली में सोने का छल्ला पहनना।
5. सात्विक वस्तुओं का सेवन करना तथा तामसिक वस्तुओं यथा मांस, मछली, शराब का त्याग करना।
6. रविवार को सूर्यदेव को लाल/गुलाबी पुष्प अर्पण करना।

पंचम भाव

1. बन्दरों को गुड़चना या गुड़धानी खिलाना।
2. वट वृक्ष या पीपल वृक्ष का अभिषेक करना/पूजा करना।
3. पारिवारिक रीति रिवाजों व परम्पराओं का पालन करना।
4. संतान के सुख हेतु चने की दाल, केसर, हल्दी, पीले पुष्प, पीले वस्त्र का पण्ड़ित/पुरोहित को दान देना।
5. गुरु व सन्तजनों का आशीर्वाद लेना।
6. पूर्व दिशा की दीवार से सटकर रसोईघर बनाना।

षष्ठ भाव

1. रविवार के दिन धर्म स्थानों, अनाथालयों, प्राथमिक विद्यालयों में यथाशक्ति अन्न, फल, वस्त्र दान देना।
2. बन्दरों को गुड़चना या गुड़धानी खिलाना।
3. विष्णुदेव मन्दिर में पूनम के दिन चावल, दूध, चीनी, चाँदी, मोती, नारियल आदि का प्रसाद चढ़ाना।
4. पिता के सुख व दीर्घायु हेतु रात को सिरहाने रखे जलपात्र का जल प्रातः वटवृक्ष की जड़ में ड़ालना।
5. घर में चाँदी के पात्र में गंगाजल रखे।
6. रात को भोजन बनाये चूल्हे पर दूध के छींटे देकर आग बुझाना।

सप्तम भाव

1. काली गाय की सेवा करना।
2. ताम्बे के सात चौरस सिक्के जमीन में गाड़ना।
3. महत्त्वपूर्ण कार्य का शुभारम्भ करने से पूर्व गुड़ का मीठा जल/शर्बत पीना।
4. बालिग होने पर पुत्र का विवाह विषम तथा पुत्री का विवाह सम वर्ष में करना।
5. पूर्णमासी के दिन व्रत रखना एवं साधारण वस्तु दान करना ।
6. सत्य बोलना, पूरा तोलना अर्थात् सत्य भाषण करना।

अष्टम भाव

1. काली/लाल/पीली गाय की सेवा करना।
2. महत्त्वपूर्ण कार्य का शुभारम्भ करने से पूर्व गुड़ का मीठा जल/शर्बत पीना।
3. शुक्ल पक्ष के प्रथम रविवार से प्रारम्भ कर दो मास तक हर रविवार को 800 ग्राम गेंहू तथा 800 ग्राम गुड़ मन्दिर में चढ़ाना।
4. पिता व बड़े भाई की आज्ञा मानना।
5. स्वास्थ्य हेतु रविवार को लाल वस्त्र में बाजरा, शिलाजीत, गेहूँ, गुड़, सिक्का, नारियल बाँधकर बहते जल में बहाना।
6. दक्षिणाभिमुखी द्वार वाले घर/मकान में न रहे।

नवम भाव

1. रविवार के दिन धर्म स्थानों, अनाथालयों, प्राथमिक विद्यालयों में यथाशक्ति अन्न, फल, वस्त्र दान देना।
2. चितकबरी गाय को मीठी रोटी खिलाना।
3. घर में मौजूद पीतल, कांस्य, चाँदी के बर्तनों में चावल आदि अन्न भर कर रखना, खाली नहीं छोड़ना।
4. राहु युति होने पर दूध से जौ धोकर बहते पानी में ड़ालना।
5. तीर्थ यात्रा उपरान्त गंगा के पवित्र जल में स्नान करनां
6. सोने के पलंग/चारपाई के पायों में ताम्बे की कील ठोकना।

दशम भाव

1. बहते जल में ताम्बे का सिक्का बहाना।
2. घर के दुधारु पशुओं की सेवा सुश्रषा करना।
3. श्वेत/शर्बती रंग की पगड़ी/टोपी/रुमाल से सिर ढ़के रखना।
4. सार्वजनिक स्थानों यथा मेन बाजार, बस स्टेण्ड, रेलवे स्टेशन आदि पर नल या प्याउ लगवाना।
5. सदैव श्वेत या लाल या पीले कपड़े पहनना।
6. सात्विक वस्तुओं का सेवन करना तथा तामसिक वस्तुओं यथा मांस, मछली, शराब का त्याग करना।

एकादश भाव

1. ताम्बे के बर्तन में गेहूँ भरकर मन्दिर में दान करना।
2. रविवार के दिन मन्दिर में शनिवार रात को सिरहाने रखी पाँच मूली दान करना।
3. तामसिक वस्तुओं यथा मांस, मछली, शराब का त्याग करना।
4. नियमानुसार चरित्रपालन करना और झूठ, कपट व निन्दा करने से बचना।
5. रविवार का व्रत/उपवास रखना और कुष्ठ रोगियों को मीठा भोजन कराना।
6. जन्मदिन से प्रारम्भ कर 43 दिन तक जमीन पर सोना और विष्णुदेव की पूजा करना।

द्वादश भाव

1. बन्दरों को गुड़चना या गुड़धानी खिलाना।
2. रविवार के दिन अन्ध विद्यालय में मीठा भोजन दान करना।
3. भूरे रंग की गाय को मीठी रोटी तथा भूरी चींटियों को चावल, तिल, खांड़ खिलाना।
4. प्रत्येक रविवार या संक्रान्ति को सूर्याष्टक स्तोत्र का पाठ या गायत्री मन्त्र का जप करना।
5. विवाहोपरान्त बिजली का सामान दान में न लेना।
6. नियमानुसार चरित्रपालन करना।

अशुभ/अनिष्ट चन्द्र के उपाय

चन्द्र नैसर्गिक रुप से चतुर्थ राशि कर्क एवं चतुर्थ भाव का स्वामी है और चतुर्थ भाव का कारक भी है। यह एक शीतल ग्रह है। शनि, राहु, केतु, सूर्य तथा मंगल पापग्रहों की युति/दृष्टि से जब यह निर्बल व पीड़ित होता है तो लाल किताब के निम्नलिखित उपाय/टोटके चन्द्र को सबल व सशक्त करने में महत्त्वपूर्ण भूमिका निभाते हैं। इससे जातक को शान्ति मिलती है और सूर्य सम्बन्धी कष्ट दूर होते हैं-जैसे सर्दी, जुकाम, फेंफड़ो के रोग, हृदय रोग, मधुमेह, उदर रोग आदि। इससे जातक को मानसिक तनाव, धन की हानि, माता के बीमार होना की परेशानी प्रमुखतः रहती हैं। प्रभावित अंगो में छाती, सीना, हृदय, हंसली प्रमुख हैं।

प्रथम भाव

1. भगवान शिव की पूजा व ॐ नमः शिवाय मन्त्र का जप करना।
2. माता-पिता की सेवा करना, उनका आशीर्वाद लेना व काँच के गिलास में पानी, दूध, चाय, काफी न पीना।
3. रविवार रात्रि को सिरहाने रखा जल मिश्रित मीठा दूध सोमवार को वट वृक्ष/कीकर वृक्ष की जड़ में डालना।
4. सोमवार के दिन श्वेत रुमाल में मिश्री बाँधकर बहते जल में बहाना।
5. चाँदी की अँगूठी में मोती जड़वाकर सोमवार की प्रातः चन्द्र की होरा में कनिष्टका अँगुली में धारण करना।
6. अपनी खाट/चारपाई/पलंग/बैड के चारों कोने में सोने से पूर्व ताम्बे की चार कील गाड़ना।

द्वितीय भाव

1. माता की सेवा कर उनका आशीर्वाद ग्रहण करना।
2. माता द्वारा दिये गये पुराने चावल व चाँदी के पुराने पात्र, गहने, मूर्ति श्वेत कपड़े में बाँधकर रखना।
3. धर्म स्थान पर दूध व चावल का दान करना।

4. अपनी खाट/चारपाई/पलंग/बैड के चारों कोने में चाँदी की चार कील गाड़ना।
5. मकान की नींव में चाँदी की 3x3 की पतली शीट रखना।
6. माता के रीति-रिवाजों का पालन करना।

तृतीय भाव

1. पुत्र जन्म पर गेंहूँ, गुड़, लाल वस्त्र धर्म स्थान में दान करना।
2. पुत्री के जन्म पर दूध, चावल, चीनी मन्दिर में दान करना।
3. माँ दुर्गा की पूजा करना तथा दुर्गासप्तशती का पाठ करना।
4. नियमानुसार चरित्रपालन करना और कन्या को हरा कपड़ा दान करना।
5. सोमवार के दिन भगवान शिव की पूजा करना व ॐ नमः शिवाय मन्त्र का जप करना।
6. सात्विक वस्तुओं का सेवन करना तथा तामसिक वस्तुओं यथा मांस, मछली, शराब का त्याग करना।

चतुर्थ भाव

1. शुभ कार्य पर जाने से पूर्व दूध या जल का बर्तन सामने होना।
2. स्वयं दूध न पीना बल्कि दूध या श्वेत वस्तुओं का दान करना।
3. दादा, पोता, नाना, दोहता का एक साथ धर्म स्थान में श्वेत वस्तुओं का दान करना।
4. मानसिक शान्ति हेतु शिव की पूजा करना।
5. बुध की दृष्टि होने पर विदेश यात्र से लाभ मिलना।
6. शुक्र की दृष्टि से माता व पत्नी से शुभ लाभ होना।

पंचम भाव

1. सोमवार के दिन श्वेत रुमाल में चावल व मिश्री बाँधकर बहते जल में बहाना।
2. शिवजी के मन्दिर में शिवलिंग पर अमरस चढ़ाना।
3. सत्य व ईमानदारी के मार्ग पर चलना।
4. पुत्र संतान हेतु सोने से पूर्व केसरयुक्त दूध पीकर सोना।
5. ज्ञानवृद्धि हेतु गुरु का आदर व सेवा करना।
6. श्वेत सांड़ को चारा ड़ालना।

षष्ठ भाव

1. रात को सोने से पूर्व दूध न पीये।
2. पिताजी को दूध, दही, मक्खन आदि से युक्त भोजन कराना।
3. गेहूँ, गुड़, केसर, शहद, हल्दी, केले आदि गरीबों को दान करना।
4. चैरीटेबिल हास्पीटल, वृद्धाश्रम में पानी की सुविधा स्थापित करना।
5. भगवान शिव की पूजा अर्चना करना।

6. सदैव मिष्ठभाषा का उपयोग करना।

सप्तम भाव

1. जातक दूध या जल विक्रय का कार्य न करें।
2. विवाह 25 वर्ष की आयु होने पर ही करें।
3. अपनी माता से सदैव विनम्रता से पेश आयें।
4. कन्या की जन्मकुण्डली में सप्तम भाव में चन्द्र होने पर दहेज में चाँदी के बर्तनों में चावल, घी भरकर दें।
5. माँ गौरी व पुत्र गणपति का पूजन करें।
6. अपने बड़ो के साथ सद्व्यवहार बनाये रखें।

अष्टम भाव

1. शुभ रत्न मोती को सोने की अँगूठी में जड़वाकर पहनें।
2. माता से चावल भरा चाँदी का पात्र सहेजकर रखें।
3. दूध का व्यापार न करे।
4. हर सोमवार को शिव मन्दिर में पूजा कर श्वेत वस्तुओं का दान करे।
5. सोने से पूर्व दूध को सोने की गर्म सलाई से बुझाकर पीये।
6. शमशान के नल के पानी से भरा लोटा/गड़वी चाँदी के पतरे से ढ़ककर घर की पूर्व दिशा में गाड़ दे।

नवम भाव

1. सत्य बोले व सच्चरित्र बनें।
2. घर में पवित्र स्थान पर सोने के जेवरात व काश्मीर की केसर रखें।
3. सोने की अँगूठी पीत पुखराज रत्न जड़वाकर पहनें।
4. जल में मछलियों और आकाश में उड़ने वाले छोटे जीवों को चावल/ज्वार/बाजरा डालें।
5. धार्मिक स्थानों की यात्र करें।
6. परदारा को अच्छी नजर से देखें।

दशम भाव

1. रात में सोते समय दूध न पीयें।
2. श्रेष्ठ व सुयोग्य विद्वानों की संगत करें।
3. तामसिक भोजन यथा मांस, शराब, अण्डे आदि का सेवन न करें।
4. दुष्ट मित्रों की संगत करने से बचें।
5. ब्राह्मण को उंचा स्थान दे और श्वेत वस्तुओं का दान करें।
6. गौ माता की सेवा करे और चारा खिलायें।

एकादश भाव

1. चाँदी की अँगूठी में सुच्चा मोती जड़वाकर पहनें।

2. श्री वटुक भैरव जी के मन्दिर में दर्शन उपरान्त दूध व चीनी का 16 सोमवार दान करे।
3. सोते समय सोने की सलाई से बुझा दूध ही पीयें।
4. सदैव मिष्ठभाषा का उपयोग करना।
5. सच्चरित्र बनें और परदारा को अच्छी नजर से देखें।
6. किसी की निन्दा न करें।

द्वादश भाव

1. वर्षा के जल से भरा पात्र घर में शुभ स्थान पर रखें।
2. कोई भी कार्य प्रारम्भ करने पूर्व शीतल जल पीयें।
3. जातक घर की छत के नीचे न हैंड पम्प लगवाये और न कुँआ बनवायें।
4. हर सोमवार को शिव मन्दिर में पूजन उपरान्त श्वेत वस्तुओं का दान करें।
5. रविवार की रात्रि को सिरहाने रखा हुआ दूध प्रात: सोमवार को कीकर के वृक्ष मे डाले।
6. किसी भी प्रकार का अशुभ कार्य न करें।

अशुभ/अनिष्ट मंगल के उपाय

मंगल नैसर्गिक रुप से प्रथम राशि मेष व अष्टम राशि वृश्चिक तथा प्रथम व अष्टम भाव का स्वामी है और तृतीय व षष्ठ भाव का कारक है। यह एक पापग्रह है। शनि, राहु, केतु तथा सूर्य पापग्रहों की युति/दृष्टि से जब यह निर्बल व पीड़ित होता है तो लाल किताब के निम्नलिखित उपाय/टोटके मंगल को सबल व सशक्त करने में महत्त्वपूर्ण भूमिका निभाते हैं। इससे जातक को शान्ति मिलती है और सूर्य सम्बन्धी कष्ट दूर होते हैं। जैसे ज्वर, चर्म रोग, जलन, कटन, चोट, नकसीर आना, उदर रोग, सिरदर्द, नाड़ी दौर्बल्य, फोड़े-फुंसी आदि। प्रभावित अंगो में सिर, मस्तक, मस्तिष्क, चेहरा, जनेन्द्रियाँ अर्थात् गुप्तांग, गुदाद्वार प्रमुख हैं।

प्रथम भाव

1. मंगल मन्त्र बोलते हुये सूखे नारियल को सिन्दूर टीका लगा व कलावा/ मौली बाँध बहते जल में डालना।
2. गेहूँ, चने की दाल, हल्दी, बेसन के लड्डू व केले का मन्दिर में दान करना।
3. मंगलवार के दिन चाँदी की चैन या कड़ा पहनें।
4. सदाचार का पालन करे और पास में हिरण की छाल रखें।
5. माता-पिता व ब्राह्मण की सेवा कर आशीर्वाद लें।
6. गौमाता को पहली रोटी दें।

द्वितीय भाव

1. लगातार आठ मंगलवार रेवड़ी या बतासे बहते जल में बहायें।

2. मंगलवार का व्रत करे, कथा पढ़े और एक समय भोजन करें।
3. चाँदी का चौकोर पतरा सदैव अपने पास रखें।
4. भाईयों से किसी प्रकार का विवाद न करें।
5. प्राथमिक कक्षा में पढ़ने वाले बच्चों को रेवड़ी/बतासे/लड्डू बाँटें।
6. सत्य बोले व सदाचारी बने।

तृतीय भाव

1. बिना जोड़ का ताम्बे की कील लगा चाँदी का कड़ा पहनें।
2. सभी अपनों से यथा माता-पिता, भाई-बहन, ताउ-ताई, चाचा-चाची से सद्व्यवहार रखना।
3. मंगलवार के दिन हनुमान जी के मन्दिर में हनुमान चालीसा का पाठ करना व प्रसाद चढ़ाना।
4. क्रोध न करना/मिष्ठभाषी होना।
5. अतिथि मेहमानों को भोजन कराने उपरान्त सौंफ व मिश्री की सेवा करना।
6. जनकल्याण के कार्यों में भाग लेना।

चतुर्थ भाव

1. दूध से धुले 400 ग्राम चावल या 400 ग्राम रेवड़िया बहते जल में बहाये।
2. त्रिधातु सोना-चाँदी-ताम्बा सम भाव की बनी अँगूठी मंगलवार के दिन अनामिका अँगुली में पहनें।
3. तंदूरी मीठी रोटियाँ लगातार 8 मंगलवार गायों को खिलायें।
4. आठ मंगलवार तक हनुमान कवच का पाठ करें।
5. सदाचार का पालन करें।
6. माता का आशीर्वाद लें।

पंचम भाव

1. रात्रि सोते समय सिरहाने ताम्र पात्र में रखे जल का कुछ भाग प्रातः पीये और शेष पौधों में डाल दें।
2. अपने बच्चों से मित्रों की सेवा करायें।
3. मंगलवार का व्रत करें और कथा पढ़ें।
4. मंगलवार के दिन हनुमान चालीसा का पाठ करें।
5. अपना चाल चलन ठीक रखें।
6. दूध व चीनी का दान करें।

षष्ठ भाव

1. गणेश चतुर्थी का ब्रत करे और श्रीगणेश की पूजा करें।
2. चाँदी, चावल, चीनी का यथा सामर्थ्य दान करें।
3. बच्चों को सोने की बनी चीज न पहनायें।
4. अपने बहनोई और बहन की सेवा करें।

लाल किताब आधारित साधारण उपाय/टोटके 77

5. छोटी 6 कन्याओं को श्वेत वस्तुएँ जैसे दूध, खीर, बर्फी, रसगुल्ले खिलायें।
6. रोगियो की सेवा करें।

सप्तम भाव

1. अपनी भूआ/बहन को लाल कम्बल/लाल कपड़ा और मिठाई भेंट करें।
2. चाँदी की 4 ठोस गोली अपनी जेब में रखें।
3. जातक अपना चरित्र ठीक रखें।
4. मंगल ग्रह के बीज मन्त्र को जपते-जपते 8 मंगलवार मसूर की दाल लाल कपड़े में लपेट कर पानी में बहायें।
5. हर मंगलवार को सुन्दर काण्ड का पाठ करें।
6. भक्तजनों को मंगलवार को बूँदी का प्रसाद बाँटें।

अष्टम भाव

1. अपनी दादी/माता से चाँदी की चैन लेकर पूर्णमासी के दिन गले में पहनें।
2. त्रिधातु की अँगूठी बनवाकर शुक्ल पक्ष के प्रथम मंगलवार को पहनें।
3. प्रत्येक मंगलवार को तंदूरी मीठी रोटियाँ कुत्तों को खिलायें।
4. रेवड़ी/बताशे 800 ग्राम वजन बहते नदी जल में प्रवाहित करें।
5. मंगलवार को व्रत रखें, हनुमान कवच का पाठ करें और प्रसाद बाँटें।
6. रात्रि को ताम्बे के बर्तन में रखे जल को मंगलवार प्रातः वट वृक्ष की जड़ में डालें।

नवम भाव

1. मंगलवार को हनुमान जी पर सिन्दूर चढ़ावे और बर्फी, गुड़, चावल, दूध, चीनी, दक्षिणा भेंट करें।
2. सदैव लाल रंग का रुमाल अपने पास रखें।
3. सोने की अँगूठी में मूँगा जड़वाकर मंगलवार प्रातः पहनें।
4. अपने बड़े भाई व भाभी की सेवा करें।
5. अतिथि मेहमानों को भोजन कें पश्चात सौंफ व देशी खांड खिलायें।
6. सदैव मीठा बोलें।

दशम भाव

1. मंगलवार को व्रत रखे ओर हनुमान चालीसा व हनुमाष्टक का पाठ करे।
2. हनुमान जी को जलेबियों, पीली बर्फी, पके फल का प्रसाद चढ़ायें और स्वयं भी मीठा भोजन करें।
3. लाल वस्तुएँ न बेचें।
4. अपाहिजों/निराश्रितों कों 27 मंगलवार मीठे व पीले चावल का भोजन करायें।
5. मन में सदैव सात्विक विचार रखें।
6. निराश्रितों की सेवा करें।

एकादश भाव

1. प्रत्येक मंगलवार हनुमान जी की मूर्ति पर सिन्दूर चढ़ावे और दीपक जलायें।
2. घर में बोतल भरा शहद रखें।
3. स्वराशि वृश्चिक या उच्चराशि मकर का मंगल हो तो मूँगा रत्न की अँगूठी पहनें।
4. अपने बुजुर्गों से प्राप्त अर्थात् खानदानी सम्पति न बेचें।
5. घर में काला कुत्ता पालें।
6. ब्राह्मण और गौमाता की सेवा करें।

द्वादश भाव

1. प्रतिदिन सूर्य को गुड़ के मीठे जल व लाल पुष्प का अर्घ्य दें।
2. अपने पास घर में चाँदी व चावल सदैव रखे।
3. मंगलवार का ब्रत रखना, हनुमान चालीसा का पाठ करना व मोतीचूर के लड्डुओं का प्रसाद बाँटना
4. अपने गुरु और ब्राह्मण की सेवाकर आशीर्वाद लेना।
5. गौमाता को पहली रोटी खिलाना।
6. तामसिक भोजन का त्याग करना।

अशुभ/अनिष्ट बुध के उपाय

बुध नैसर्गिक रुप से तृतीय राशि मिथुन व षष्टम राशि कन्या तथा तृतीय व षष्ठ भाव का स्वामी है और चतुर्थ व दशम भाव का कारक है। यह बुद्धि और विद्या का ग्रह है। शनि, राहु, केतु, सूर्य तथा मंगल पापग्रहों की युति/दृष्टि से जब यह निर्बल, अस्त व पीड़ित होता है तो लाल किताब के निम्नलिखित उपाय/टोटके बुध को सबल व सशक्त करने में महत्त्वपूर्ण भूमिका निभाते हैं। इससे जातक को शान्ति मिलती है और बुध सम्बन्धी कष्ट दूर होते हैं- जैसे दाद-खाज-खुजली के रोग, नाक व दाँत के रोग, निमोनिया, उदररोग, गैस, पेचिश, खाँसी, कंधे व हाथों के रोग आदि। प्रभावित अंगो में वक्ष, कन्धे, बाँहे, फेफड़े, कटि, नाभि, जिगर प्रमुख हैं।

प्रथम भाव

1. हरे रंग के वस्त्र व पर्दे प्रयोग में न लायें।
2. पाँच बुधवार लगातार 5 कन्याओं को हरे वस्त्र, हरी बरफी, हरे फल दान करें।
3. सदाचारी व सच्चरित्र बनें।
4. एक स्थान पर स्थिर होकर कार्य करें।
5. प्रत्येक बुधवार को गौशाला की गायों को हरा चारा व गुड़ आदि खिलायें।
6. व्यर्थ में इधर-उधर न घूमें।

द्वितीय भाव

1. धार्मिक स्थान पर दूध, चावल, चीनी, चने की दाल, केले, श्वेत/पीत वस्त्र दान करें।
2. छोटी 5 कन्याओं का विधिवत पूजन कर हलवा पूड़ी भेंट करें।
3. रात्रि सिरहाने रखा जल बुधवार प्रातः पीपल की जड़ में डालें।
4. तामसिक वस्तुओं यथा शराब, मांस, अण्डे का त्याग करें।
5. माँ दुर्गा की बुधवार प्रातः पूजा करें।
6. दुर्गासप्तशती का पाठ करें।

तृतीय भाव

1. प्रातः फिटकरी के जल से दाँत साफ करें।
2. माँ भगवती पर चाँदी का छत्र चढ़ायें।
3. रात्रि में पानी में भीगी मूँग बुधवार प्रातः पक्षियों को डालें।
4. निवास स्थान का मेनगेट दक्षिणमुखी न हो और यदि हो वास्तु शान्ति करायें।
5. अपना चाल-चलन शुद्ध रखें।
6. तुलसी के पौधे को जल देना।

चतुर्थ भाव

1. धनलाभ के लिये गुरुवार के दिन गुरु बीज मन्त्र बोलते हुए सोने की चैन धारण करें।
2. लगातार 43 दिन माथे पर केसर का तिलक लगायें।
3. नित्य दूध व दूध से बनी खीर का सेवन करें।
4. पीतल के बर्तन में गंगाजल भर कर प्रवेश करें।
5. लगातार सात रविवार बहते जल में 400 ग्राम गुड़ बहायें।
6. सदाचार का पालन करें।

पंचम भाव

1. धनलाभ के लिये बुधवार के दिन ताम्बे का छेद वाला पैसा श्वेत डोरी में पिरोकर पहनें।
2. चाँदी का छल्ला बाँये हाथ की अनामिका अँगुली में पहनें।
3. बुद्धि व विद्या ज्ञान हेतु चाँदी की डिब्बी में चावल डालकर रखें।
4. वाणी पर नियंत्रण रखे और मिष्ठभाषी बनें।
5. बुधवार को विष्णुसहस्त्र नाम का पाठ करें।
6. तुलसी की विधिवत् पूजा कर और सायं दीपक जलाये तथा हरी बूँदी का भोग लगायें।

षष्ठ भाव

1. चाँदी की अँगूठी दाँये हाथ की कनिष्टका में पहनें।
2. बहन व बहन की संतान को भेंट दें।
3. घर का मुख्य द्वार उत्तर की ओर न हो और यदि हो वास्तु शान्ति करायें।
4. खराब डिजिटल वस्तुएँ यथा रेडियो, टेलीविजन, मोबाइल फोन घर में न रखें।
5. नित्य दुर्गाकवच का पाठ करें।
6. माँ दुर्गा की बुधवार प्रातः पूजा करें।

सप्तम भाव

1. सुखी दाम्पत्य जीवन हेतु काली गाय की सेवा करें।
2. अपने भाई-बहन की बेटियों की समय-समय पर भेंट देकर सेवा करते रहें।
3. साझेदारी के व्यवसाय/व्यापार से बचें।
4. धरती पर बार-बार न थूके। ऐसा करने से बरकत कम होती है।
5. सोने की अँगूठी में पन्ना रत्न जड़वाकर दाँये हाथ की कनिष्टका अँगुली में बुधवार के दिन प्रातः पहनें।
6. सदाचार का पालन करें।

अष्टम भाव

1. प्रत्येक बुधवार मन्दिर मे माँ भगवती की पूजाकर दीप जला 6 कन्याओं को हलुआ-पूरी खिलायें व दक्षिणा दें।
2. बुधवार के दिन चाँदी का कड़ा पहनें।
3. ताम्बे की गड़वी/लोटे में साबुत मूँग भरकर बहते पानी में बहायें।
4. घर की छत पर वर्षाजल से या दूध से भरा पात्र रखना नौकरी/व्यवसाय के लिये शुभ रहता है।
5. अनाथ बच्चों का सहायता करना।
6. नित्य दुर्गाकवच का पाठ करें।

नवम भाव

1. लालगाय को रोटी व गुड़ खिलायें।
2. चाँदी की चैन पहनें।
3. पीले चावल 43 दिन तक बहते जल में बहायें।
4. लोहे की लाल रंगीन गोली सदैव अपने पास रखें।
5. अपना चाल चलन शुद्ध रखें।
6. वाणी पर नियंत्रण रखे और मिष्ठभाषी बनें।

दशम भाव

1. बुधवार के दिन गायों को हरा चारा खिलाना।

2. तामसिक वस्तुओं के भोजन का त्याग करना।

3. बुधवार के दिन धार्मिक स्थान पर उड़द, मूँग, चावल, दूध, चाँदी दान करना।

4. घर के ईशान कोण में खुले भाग में तुलसी का पौधा लगाना।

5. दुर्गा मन्दिर में बुधवार के दिन कन्या पूजन करना।

6. तुलसी पौधे पर साय: दीप जलाकर पूजा करना।

एकादश भाव

1. अनाथ बच्चों की सहायता करना। ताम्बे का पैसा गले में पहनना।

2. लोहे की लाल रंगीन गोली सदैव अपने पास रखें।

3. प्रात: फिटकरी या सीप का उपयोग करें।

4. अपनी भूआ-बहन-बेटी की सेवा करें।

5. अपना चाल चलन शुद्ध रखें।

6. धन लाभ के लिये अनाथ बच्चों की सहायता करें।

द्वादश भाव

1. बुधवार के दिन स्टील का छल्ला या कड़ा पहनें।

2. अनाथ बच्चों का सहायता करना।

3. बुधवार को केसर का तिलक लगायें।

4. खाली कोरा घड़ा बहते जल में बहायें।

5. बुधवार के दिन गायों को हरा चारा खिलाना।

6. आवेश, क्रोध, अपव्यय एवं व्यर्थ के भ्रमण से बचें।

अशुभ/अनिष्ट गुरु के उपाय

गुरु नैसर्गिक रुप से नवम राशि धनु व द्वादश राशि मीन तथा नवम भाव व द्वादश भाव का स्वामी है और द्वितीय, पंचम, नवम, दशम व एकादश भाव का कारक है। यह एक सौम्य ग्रह है। शनि, राहु, केतु सूर्य तथा मंगल पापग्रहों की युति/दृष्टि से जब यह निर्बल व पीड़ित होता है तो लाल किताब के निम्नलिखित उपाय/टोटके गुरु को सबल व सशक्त करने में महत्त्वपूर्ण भूमिका निभाते हैं। इससे जातक को शान्ति मिलती है और गुरु सम्बन्धी कष्ट दूर होते हैं। जैसे गले के दर्द, फेंफड़ों के दर्द, फोड़े-फुन्सी व चर्म रोग, कान के दर्द, हृदय रोग, नेत्र रोग, पैरों व टखनों की सूजन, आँत विकार, पैरों में पसीना आदि। प्रभावित अंग्रे में जाँघें, कमर, नाड़ियाँ, दोनों पैर, एड़ी, पंजा, तलुवा प्रमुख हैं।

प्रथम भाव

1. सुयोग्य ब्राह्मण को पीले चावल/हलुआ/मिठाई खिलाये और दक्षिणा में पीला वस्त्र दें।

2. धर्म स्थान पर लगातार 27 गुरुवार बेसन के लड्डू या बूँदी का प्रसाद चढ़ायें।

3. अपने दादा-दादी, पिता-माता व वृद्धजनों की सेवाकरे और उनका आशीर्वाद लें।
4. अपने शयन कक्ष में दीवारों पर पीला रंग करवायें व पीले पर्दे लगायें।
5. मस्तक पर केसर या हल्दी का तिलक लगायें।
6. जातक पीले रंग की कोई वस्तु मुत न लें।

द्वितीय भाव

1. मन्दिर में कोई धार्मिक पुस्तक और चने की दाल पीत वस्त्र में बाँधकर देवे।
2. घर में आये अतिथि की सेवा करे।
3. साँप व सपेरे को दूध देवे।
4. केसर या हल्दी का टीका मस्तक व नाभि पर लगाये।
5. घर/मकान में कुछ भाग कच्चा छोड़े।
6. परोपकार करते रहे।

तृतीय भाव

1. माँ दुर्गा जी की पूजा करे और साय: दीपक जलाये।
2. सत्य बोले और तामसिक भोजन न करे।
3. धन लाभ और उन्नति-प्रगति हेतु रात्रि में भिगोये मूँग प्रात: पक्षियों को डालें।
4. केसर या हल्दी का तिलक लगायें।
5. छोटी कन्याओं के पैर धोकर, पूजाकर, बेसन की बर्फी खिला और दक्षिणा देकर शुभ कार्य प्रारम्भ करें।
6. घर की रखवाली हेतु कुत्ता पालें।

चतुर्थ भाव

1. तामसिक वस्तुएँ यथा शराब, मांस, अण्डा न खायें।
2. गुरुवार प्रात: कच्ची लस्सी में थोड़े चावल, हल्दी, पीले फूल, दूध, गंगाजल डालकर पीपल की जड़ में डालें।
3. पारिवारिक व व्यवसायिक उन्नति के लिये पीपल वृक्ष के तने में पीले धागे के सात चक्कर लगायें।
4. अपने दादा-दादी, पिता-माता की सेवा करे और उनका आशीर्वाद लें।
5. सुयोग्य निर्धन ब्राह्मण को दान दें और आशीर्वाद लें।
6. गौमाता की सेवा करें।

पंचम भाव

1. श्री गणेश चतुर्थी का व्रत करें, कथा सुने और लड्डुओं का भोग लगायें।
2. अन्ध विद्यालय में निराश्रितों को मीठा भोजन करायें।

3. धार्मिक स्थान पर ब्राह्मणों को भोजन, वस्त्र, फल, दक्षिणा और धार्मिक पुस्तक दान करें।
4. कुत्तों को दूध, ब्रैड खिलायें।
5. गौमाता की सेवा करें।
6. उच्च विद्या और संतान सुख के लिये वृद्धों की सेवा करें व आशीर्वाद लें।

षष्ठ भाव

1. हर गुरुवार प्रातः गंगाजल में थोड़े चावल, हल्दी, पीले फूल, दूध डालकर पीपल को हरा भरा रखे।
2. श्री गणेश चतुर्थी का व्रत करें, कथा सुने और लड्डुओं का भोग लगायें।
3. अपने दादा-दादी, पिता-माता, अन्य बड़ों का आदर करें और उनका आशीर्वाद लें।
4. अपनी पुत्री और उसकी संतान की सेवा करें।
5. धर्म स्थान पर ब्राह्मणों को लगातार प्रतिदिन 600 ग्राम चने की दाल 6 दिन तक दान करें।
6. तामसिक वस्तुएँ यथा शराब, मांस, अण्डा न खायें।

सप्तम भाव

1. सोमवार व गुरुवार के दिन शिव मन्दिर में बिल्व पत्र, पुष्प, दूध, फल चढ़ाये और पूजा करें।
2. प्रतिदिन चन्दन का तिलक लगायें।
3. गुरुवार को माँ दुर्गा जी के मन्दिर में लड्डुओं का भोग लगाये और बच्चों में बाँटे।
4. गुरुवार के दिन कपिला गाय को हरा चारा और मीठी रोटी खिलायें।
5. घर में आये अतिथि की सेवा करें।
6. केसर या हल्दी का तिलक लगायें।

अष्टम भाव

1. अपने घर में उतर-पूर्व में मन्दिर प्रतिष्ठत करवाये और नित्य पूजा करें।
2. गले में सोने का चौकोर लाकेट पहनें।
3. लगातार 8 गुरुवार तक 800 ग्राम चने की दाल प्रति गुरुवार मन्दिर में दान करें।
4. शमशान में पीपल का पेड़ लगाये और उसकी देख भाल करें।
5. स्त्री सुख के लिये कच्चे सूत का हल्दी से पीला किया धागा लगातार 8 गुरुवार पीपल के तने में बाँधें।
6. परोपकार करते रहें।

नवम भाव

1. प्रतिदिन धर्म स्थान मन्दिर/गुरुद्वारे/चर्च जाकर प्रभु/गुरुग्रन्थ साहिब/गौड़ के आगे शीश झुकाना।

2. अपने परिवार के वृद्धजनों का आदर सत्कार करना व आशीर्वाद लेना।
3. शुक्ल पक्ष के प्रथम गुरुवार को तीर्थ स्थान में स्नान करना।
4. बहती नदी मे चावल बहाना।
5. अपने गुरु की सेवा करना।
6. पिता व बड़ों की आज्ञा का पालन करना।

दशम भाव

1. लगातार 43 दिन बहती नदी में ताम्बे का पैसा/सिक्का बहाना।
2. अपने मस्तक पर 43 दिन केसर/हल्दी का तिलक लगाना।
3. सूर्यग्रहण के समय शनि की वस्तुएँ यथा नारियल, बादाम, उड़द, तेल आदि दान करना।
4. मन्दिर में लगातार 7 गुरुवार बादाम व केले अपनी सामर्थ्य अनुसार चढ़ाना।
5. व्यवसाय में लाभ हेतु तामसिक वस्तुएँ न खाना।
6. परोपकार करते रहना।

एकादश भाव

1. दाँये हाथ की कलाई में ताम्बे का कड़ा पहने।
2. लावारिस/मजबूर रोगियों की यथासंभव भोजन-बिस्कुट, दूध, फल व दवाईयों से मदद करना।
3. शमशान के मन्दिर या दानपात्र में दान देना।
4. किसी धर्म स्थान पर पीपल का पेड़ लगाना।
5. माता-पिता व अपने बड़ो की सेवा करना।
6. तामसिक वस्तुएँ यथा शराब, मांस, अण्डा न खायें।

द्वादश भाव

1. दादा, पिता, ताया आदि बुजुर्गो की सेवा करना व आशीर्वाद लेना।
2. पीपल वृक्ष की जड़ में कच्ची लस्सी, चीनी, चावल, पुष्पादि चढ़ाना व प्रार्थना करना।
3. मस्तक पर केसर/हल्दी का तिलक लगाना।
4. तामसिक वस्तुएँ यथा शराब, मांस, अण्डा न खाना।
5. गुरु व राहु युति होने पर दो मुट्ठी जौ बहते जल में बहाये।
6. सिर पर सदैव टोपी/पगड़ी/रुमाल/कैप पहने रहे।

अशुभ/अनिष्ट शुक्र के उपाय

शुक्र नैसर्गिक रुप से द्वितीय राशि वृष व सप्तम राशि तुला तथा द्वितीय भाव व सप्तम भाव का स्वामी है और सप्तम भाव का कारक है। यह एक सौम्य ग्रह है। शनि, राहु, केतु सूर्य तथा मंगल पापग्रहों की युति/दृष्टि से जब यह निर्बल व पीड़ित होता है, तब लाल किताब के निम्नलिखित उपाय/टोटके शुक्र को सबल व सशक्त करने में महत्त्वपूर्ण भूमिका निभाते हैं। इससे जातक को शान्ति मिलती है और शुक्र

सम्बन्धी कष्ट दूर होते हैं। जैसे नेत्र रोग, शक्कर की कमी, स्वादहीनता, शीत ज्वर, अपच, मसाना व गुर्दे-पथरी के रोग, वीर्य विकार, चर्म रोग आदि। प्रभावित अंगो में मुख, नेत्र, गला, गलग्रन्थियाँ, गुर्दे, पेडू, चमड़ी प्रमुख हैं।

प्रथम भाव

1. सुख समृद्धि हेतु काली गाय की सेवा करें।
2. सदैव श्वेत व क्रीम रंग के कपड़े ही पहनें।
3. दिन के समय विषय वासना कार्य से दूर रहें।
4. जल मे दही डालकर स्नान करें।
5. अपना चाल चलन शुद्ध रखें।
6. लगातार 5 शुक्रवार धर्म स्थान में दूध, चावल, मिश्री का दान करें।

द्वितीय भाव

1. हल्दी सने 2 किलो आलू गाय को खिलायें।
2. लगातार 5 शुक्रवार 5 कन्याओं को दूध, चावल, मिश्री, खीर, पूरी, आलू खिलायें।
3. हर शुक्रवार गायों को मीठी तंदूरी रोटी खिलायें।
4. संतान सुख के लिये मंगल की वस्तुएँ यथा ताम्बे का कड़ा, देशी खांड़, शहद, गुड़ का उपयोग करें।
5. दाम्पत्य सुख व धन लाभ हेतु चाँदी की प्लेट पर शुक्र यन्त्र खुदवाकर अपने पास रखें।
6. दूध, चावल, चीनी का दान करें।

तृतीय भाव

1. जातक की पत्नी शुक्रवार को अपने बालों में श्वेत पुष्पों का जूड़ा लगाये।
2. परिवार की स्त्रियों माता, भाभी, बहन, बेटी आदि के साथ विनम्रता और शालीनता से पेश आये।
3. मंगल की वस्तुएँ यथा ताम्बे का बर्तन, देशी खांड़, सौंफ, शहद, गुड़ का उपयोग करे।
4. घर में वाद्य यन्त्र जैसे हारमोनियम, तबला, ढ़ोलक, मजीरे आदि न रखें।
5. तामसिक वस्तुएँ यथा शराब, मांस, अण्डा न खाना।
6. कन्याओं को मीठी खीर खिलाना।

चतुर्थ भाव

1. स्त्री व पुत्र सुख हेतु आड़ू फल की गुठली में छेदकर व उसमें सुरमा भर एकान्त में घास के मैदान में दबा दें।
2. दाम्पत्य सुख के लिये सफेद व पीली गायों की सेवा करें।

3. वर्षा का जल चाँदी की कटोरी में इकट्ठा कर घर की ईशान दिशा में खुले में रखें।
4. घर/मकान की नींव में चाँदी की डिब्बी में शहद भरकर दबा दें।
5. चाँदी की प्लेट पर शुक्र यन्त्र खुदवाकर अपने पास रखें।
6. दूध, चावल, चीनी का दान करें।

पंचम भाव

1. माँ दुर्गा जी के मन्दिर में दीप जलाकर दुर्गास्तोत्र का लगातार 40 दिन पाठ कर और अंत में 5 कन्याओं का पूजन कर बर्फी, केले दें।
2. परिवार की स्त्रियों माता, भाभी, बहन, बेटी आदि का आदर सत्कार करें और उनकी सेवा करें।
3. शुक्रवार का ब्रत करे और धर्म स्थान में दूध, चावल, चीनी, मिश्री का दान करें।
4. विद्या वृद्धि और संतान सुख के लिये चाँदी की डिब्बी में पवित्र नदी का जल भरकर पूर्व दिशा में रखें।
5. तामसिक भोजन करने से परहेज करें।
6. अपना चाल चलन शुद्ध रखें।

षष्ठ भाव

1. शुक्ल पक्ष के प्रथम शुक्रवार को चाँदी धातु की एक गोली अपनी जेब/पाकेट में रखें।
2. धर्म स्थान (जैसे हरि की पैड़ी हरिद्वार) में दूध, चावल, गुड़, चीनी, मिश्री, शहद, देशी खांड़, सौंफ, फल का दान करें।
3. धर्म पत्नी सिर के बालों पर सोने का हेयर पिन लगायें।
4. पक्षियों को ज्वार/बाजरा डालें।
5. धनलाभ व पत्नी सुख हेतु श्री दुर्गा माता का पूजन कर 6 कन्याओं को 6 शुक्रवार पूड़ी, खीर, फल खिलाये व दक्षिणा दें।
6. शत्रुओं से भी मित्रवत् व्यवहार करें।

सप्तम भाव

1. कपिला गाय को चारा, खल, गुड़ आदि खिलायें।
2. पत्नी के रुग्ण होने की स्थिति में वजन के 10 वें भाग के बराबर अनाज/आटा/चावल मन्दिर में दान करें।
3. पत्नी काले व नीले वस्त्र धारण न करें।
4. पत्नी के मायके वालों के साथ कोई व्यवसाय न करें।
5. श्री दुर्गा माता का पाठ करें और दाम्पत्य व संतान सुख के लियें कांसे के बर्तन में चीनी भरकर दान करें।
6. दाम्पत्य जीवन में कटुता होने पर तीसरे/पाँचवे वर्ष पुनः फेरे लें।

अष्टम भाव

1. शहर की गौशाला में गायों को हरा चारा, खल, बिनौले, गुड़ दान करें।
2. अस्वस्थ होने पर काली/लाल गायों की सेवा करें।
3. सामर्थ्य होने पर गाय का दान करें।
4. श्री दुर्गा सप्तशती का पाठ करे और 16 वें दिन उद्यापन करें। छोटी कन्याओं को खीर, पूरी, हलुआ खिलाये व दक्षिणा दें।
5. परोपकार करते रहे और भलाई के कामों में लगे रहें।
6. अपना चाल चलन शुद्ध रखें।

नवम भाव

1. सौभाग्य हेतु घर/मकान की नींव में चाँदी की डिब्बी में शहद भरकर दबा दें।
2. जातक काली/लाल गायों की सेवा करें।
3. लगातार 9 शुक्रवार नीम के वृक्ष की जड़ में चाँदी का चौकोर टुकड़ा दबायें।
4. श्री दुर्गा सप्तशती का पाठ करे व दान करें।
5. तामसिक भोजन करने अर्थात् शराब, मांस, अण्डे खाने से परहेज करें।
6. अपना चाल चलन शुद्ध रखें।

दशम भाव

1. ग्रहस्थ जीवन के सुख के लिये चरित्रवान बनें।
2. दाम्पत्य व संतान सुख के लिये सफेद व पीली गायों को हरा चारा, खल, बिनौले, गुड़ से सेवा करें।
3. सामर्थ्य होने पर गाय व बछड़ा का दान करें।
4. अन्धों/अपाहिजों को मीठा भोजन करायें।
5. सदैव भलाई के कामों में लगे रहें।
6. चरित्रवान बनें।

एकादश भाव

1. धर्म स्थान में रुई, तेल, दूध, दही, चावल, चीनी दान करें।
2. दाम्पत्य व संतान सुख के लिये दूध में सोने की चम्मच गर्म करके 11 बार डुबोये और तब दूध पीयें।
3. धर्म स्थान में सरसों का तेल दान करें।
4. दाम्पत्य व संतान सुख के लिये अन्धों/अपाहिजों को 9 शुक्रवार भोजन, वस्त्र, फल दान करें।
5. तामसिक भोजन करने अर्थात् शराब, मांस, अण्डे खाने से परहेज करें।
6. श्री दुर्गा सप्तशती का पाठ करें।

द्वादश भाव

1. काली/लाल गायों की सेवा करना या दान करना शुभ रहता है।
2. अपनी सहधर्मिणी के हाथ से धर्म स्थान में दूध, दही, चावल, चीनी का दान करायें।
3. प्रत्येक शुक्रवार दुर्गा चालीसा का पाठ करे और दुर्गा मन्दिर में साय: घी का दीपक जलायें।
4. राहु, बुध युति होने पर पत्नी के हाथ से नीला फूल लगाातार 11 शुक्रवार सुनसान जगह पर दबवायें।
5. अपना चाल चलन शुद्ध रखें।
6. तामसिक भोजन यथा शराब, मांस, अण्डे न खायें।

अशुभ/अनिष्ट शनि के उपाय

शनि नैसर्गिक रुप से दशम राशि मकर व एकादश राशि कुम्भ तथा दशम भाव व एकादश भाव का स्वामी है और षष्ठ, अष्टम, दशम व द्वादश भाव का कारक है। यह एक पापग्रह है। सूर्य, मंगल, राहु तथा केतु पापग्रहों की युति/दृष्टि से जब यह निर्बल व पीड़ित होता है तो लाल किताब के निम्नलिखित उपाय/टोटके शनि को सबल व सशक्त करने में महत्त्वपूर्ण भूमिका निभाते हैं। इससे जातक को शान्ति मिलती है और शनि सम्बन्धी कष्ट दूर होते हैं। जैसे वात् रोग, जोड़ो के दर्द, गैस, अपच, नेत्र रोग, नाक रोग, टांसिल्स, दमा, खाँसी, सिरदर्द, फेफड़ो के दर्द रक्त विकार आदि। प्रभावित अंगो में घुटने, घुटने की टोपी, हड्डी के जोड़, पिण्डलियाँ, टखने प्रमुख हैं।

प्रथम भाव

1. जातक स्वास्थ्य लाभ हेतु शनिवार प्रात: वट वृक्ष की जड़ में दूध डाले और गीली मिट्टी का तिलक लगायें।
2. व्यवसाय की उन्नति व प्रगति हेतु सुरमे की डली या काले नमक की डली नीले रुमाल में बाँध वीरान जगह दबायें।
3. किसी साधु/फकीर को लोहे की अंगीठी व तवा दान में दें।
4. सुख-समृद्धि हेतु प्रत्येक शनिवार गुड़, चने, केले बन्दरों को खिलायें।
5. घर में नीले पर्दों, वस्त्रों का उपयोग न करें।
6. तामसिक भोजन यथा शराब, मांस, अण्डे न खायें।

द्वितीय भाव

1. मस्तक पर दूध या दही का तिलक लगाये।
2. सुखी जीवन के लिये 43 दिन लगातार मन्दिर मे नंगे पैर जाकर ईश प्रार्थना करे व 2 फल चढ़ाये।

3. नीले वस्त्र पहने और तामसिक भोजन यथा शराब, मांस, अण्डे न खायें।
4. भूरे रंग की भैंस की सेवा करें।
5. हर शनिवार धर्म स्थान में गेहूं, गुड़, उड़द व चने की दाल, काली मिर्च, चन्दन की लकड़ी व दक्षिणा का दान करें।
6. काले रमाश, काले चने, काली मिर्च, लकड़ी का कोयला की थोड़ी-थोड़ी मात्र, एक टुकड़ा चमड़ा नीले रुमाल में बाँध बहते पानी में बहायें।

तृतीय भाव

1. घर में काला कुत्ता पालें।
2. मकान के पृष्ठ भाग में बिना रोशनदान एक बन्द कोठरी बनवाना धनवृद्धि के लिये शुभ रहती है।
3. घर की छत पर लोहे व लकड़ी का सामान न रखें।
4. सुख-समृद्धि के लिये शनिवार के दिन एक मुट्ठी चावल बहते पानी में बहायें।
5. घर की दहलीज के दोनों कोनों में लोहे की कील गाड़े।
6. अपना चाल चलन शुद्ध रखें।

चतुर्थ भाव

1. कौवों को चपाती पर दूध-दही रखकर खिलाये या भैंस के चारे में दूध-दही रखी चपाती ड़ालकर खिलायें।
2. गरीब कर्मचारियों/नौकरों को यथासंभव खाना दें।
3. सरसों तेल, उड़द, काला कपड़ा का दान करें व रात्रि को दूध न पीयें।
4. लगातार 4 शनिवार शराब का एक पौवा बहते जल में बहायें।
5. लोहे की तेल भरी कटोरी मे छाया देखकर लगातार 5 शनिवार अर्क के पौधे में ड़ाले व अंतिम 5 वें दिन कटोरी वहीं गाड़ दें।
6. नीले वस्त्र न पहनें।

पंचम भाव

1. शनिवार धर्म स्थान में 10 बादाम चढ़ाये, आधे वापिस लेकर घर आये और टिन की ड़िब्बी में बंद कर घर में रख दें।
2. बच्चे के हैपी बर्थ डे पर मीठी वस्तुएँ बाँटें व कुत्तों को दूध, ब्रैड खिलायें।
3. रात्रि में चूल्हे की आग दूध से ठण्डी करें। यदि घर में गैस है तो गैस चूल्हे पर दूध के छीटें मारें।
4. अपने खानदानी मकान में सोना, चाँदी, ताम्बा धातु एक स्थान पर रखें।
5. विद्या लाभ व संतान सुख के लिये भगवान शिव व रामभक्त हनुमान की उपासना करें।

6. लगातार 7 शनिवार मन्दिर में काले रमाश व 7 बादाम चढ़ाये तथा शराब, अण्डे, सिगरेट का सेवन न करे।

षष्ठ भाव

1. शनिवार दुर्गा माँ की पूजा करें तथा 6 कन्याओं को बादाम व केले प्रसाद रुप में बाँटें।
2. संतान सुख के लिये काला कुत्ता पाले और उसे दूध, ब्रैड खिलायें।
3. सरसों के तेल भरा मिट्टी का सकोरा जलयुक्त किसी तालाब या नदी के किनारे गीली जगह दबा दें।
4. किसी गरीब को जूता देना शुभ होता है।
5. लगातार 7 शनिवार कुष्ठाश्रम या अन्ध विद्यालय में मीठे चावल खिलाये या उड़द का दान करें।
6. तामसिक भोजन यथा शराब, मांस, अण्डे न खायें।

सप्तम भाव

1. जातक किसी रिश्तेदार के साथ साझेदारी में व्यापार न करें।
2. जातक की कुण्डली में लग्न खाली हो व सप्तम भाव में शनि हो, तो काले रंग की बांसुरी में खांड़ भरकर वीराने में दबायें।
3. पारिवारिक सुख-शान्ति के लिये काले रंग की गाय की सेवा करें।
4. मिट्टी के पात्र में शहद भरकर रखें।
5. जातक अपनी शादी 22 वर्ष की आयु पश्चात विषम वर्षो 23, 25, 27, 29 वें वर्ष में करें।
6. तामसिक भोजन यथा शराब, मांस, अण्डे न खायें।

अष्टम भाव

1. जातक चाँदी का चौकोर टुकड़ा सदैव अपने पास रखें।
2. जातक पत्थर या लकड़ी के चौकोर फट्टे पर दूध मिश्रित जल से स्नान करें।
3. काले तिल, काले उड़द, काली मिर्च, छुआरे, बादाम, नारियल, कच्चे कोयले के 2 टुकड़े नीले रुमाल में बाँध बहते जल में बहायें।
4. तामसिक भोजन यथा शराब, मांस, अण्डे न खायें।
5. श्री गणेश चतुर्थी के दिन व्रत करें।
6. अपना चाल चलन शुद्ध रखें।

नवम भाव

1. शनि अशुभ हो तो घर की छत पर बांस, तेल, गैस, लकड़ी, चौखट न रखें।

2. शनिवार के दिन मन्दिर में वृद्ध ब्राह्मण को पीले वस्त्र, केले, लडडू, चने की दाल का दान करें।
3. जातक अपने जन्मदिन पर मन्दिर में दीप जलाये एक धार्मिक पुस्तक व मिठाई पुजारी को दान करें।
4. पत्नी गर्भ से हो, तो जातक अपना मकान न बनायें।
5. अपना चाल चलन शुद्ध रखें।
6. तामसिक भोजन यथा शराब, मांस, अण्डे न खायें।

दशम भाव

1. पीतल की गड़वी में गंगाजल भरकर पूर्व दिशा में पवित्र स्थान पर रखें।
2. लगातार 10 शनिवार मन्दिर में वृद्ध ब्राह्मण को पीले वस्त्र, केले, लड्डू, चने की दाल का दान करें।
3. पीली व काली रंग की गाय की सेवा करें।
4. तामसिक भोजन यथा शराब, मांस, अण्डे न खायें।
5. पिता-माता, ताऊ, चाचा आदि बड़ों की सेवा करें और उनका आशीर्वाद लें।
6. सच्चरित्र बने और परोपकार करें।

एकादश भाव

1. घर का मुख्य द्वार दक्षिण दिशा में न हो।
2. अपना चाल चलन शुद्ध रखें।
3. कोई भी शुभ कार्य प्रारम्भ करने से पहले पीतल के घड़े में गंगाजल मिश्रित पानी भरकर उसे पूर्व दिशा में स्थापित करें।
4. घर के बाहर कच्ची जमीन पर एक चम्मच सरसों तेल सूर्योदय के समय डाल दें।
5. अपना मकान 45 वर्ष की आयु होने के बाद बनवायें।
6. तामसिक भोजन यथा शराब, मांस, अण्डे न खायें।

द्वादश भाव

1. अपने मकान की अंधेरी कोठरी में लोहे के पात्र में काले रुमाल में 12 बादाम बाँधकर रख दें।
2. तामसिक भोजन यथा शराब, मांस, अण्डे न खायें।
3. अपना चाल चलन शुद्ध रखें।
4. अन्धों/अपाहिजों को मीठा भोजन खीर आदि खिलाये और वस्त्र दान करें।
5. शनिवार की रात ताम्रपात्र में जल भरकर सिरहाने रख लें और रविवार प्रात: गुलाब आदि लाल पुष्पों के गमलों में डालें।
6. किसी गरीब को जूता देना शुभ होता हैं।

अशुभ/अनिष्टकारी राहु के उपाय

राहु को नैसर्गिक रुप से बुध की षष्ठ राशि कन्या व षष्ठ भाव का स्वामी कहा गया है और तृतीय, षष्ठ, एकादश व द्वादश भाव का कारक माना है। यह एक पापग्रह है। सूर्य, मंगल, केतु तथा शनि पापग्रहों की युति/दृष्टि से जब यह निर्बल व पीड़ित होता है तो लाल किताब के निम्नलिखित उपाय/टोटके राहु को सबल व सशक्त करने में महत्त्वपूर्ण भूमिका निभाते हैं। इससे जातक को शान्ति मिलती है और राहु सम्बन्धी कष्ट दूर होते हैं - जैसे पेट के दर्द, गैस, अपच, खाँसी, कंधे, हाथों के रोग आदि। प्रभावित अंगो में कटि, नाभि, जिगर प्रमुख हैं।

प्रथम भाव

1. अन्धे को विद्यालय/अनाथाश्रम में अपने भार के बराबर अनाज व गुड़ दे।
2. मुकदमे में सफलता के लिये अपने वजन के दसवें भाग के बराबर कच्चा कोयला बहते पानी में बहायें।
3. उत्तम स्वास्थ्य के लिये 3 बार उल्टा नारियल घुमाकर राहु का बीज मन्त्र बोलते हुये चलते जल में बहायें।
4. सिक्का वजन 400 ग्राम चलते पानी में बहायें।
5. गले में चाँदी का सिक्का धारण करें।
6. चाँदी की डिब्बी में कुछ चावल भरकर घर के कोने में ऊँचे स्थान पर रखें।

द्वितीय भाव

1. धन वृद्धि हेतु चाँदी की ड़िब्बी में चाँदी या सोने की एक गोली या केसर भरकर रखें।
2. धन-धान्य वृद्धि हेतु अपनी माता की तन-मन-धन से सेवा करें।
3. पुत्र सुख के लिये पुत्र के वजन के बराबर जौ या सरसों बहते जल में बहायें।
4. विवाह के पश्चात ससुराल से बिजली सम्बन्धी सामान न लें।
5. घर के उत्तर पश्चिम कोने में चाँदी की ड़िब्बी में गंगा जैसी पवित्र नदी का जल भरकर रखें।
6. निराश्रितों को श्वेत वस्तुओं का दान करें।

तृतीय भाव

1. चाँदी की डिब्बी में चावल भरकर दक्षिण दिशा में स्थापित करें।
2. चाँदी का हाथी बनवाकर घर में रखें।
3. झूठ न बोले और कपट न करें।
4. राहु, मंगल युति होने पर भाईयों का सहयोग लें।
5. चाँदी का सिक्का अपने पास रखें।

6. अन्धों/अपाहिजों को श्वेत वस्तुओं का दान करें।

चतुर्थ भाव

1. चाँदी की अँगूठी/कड़ा/चैन पहनें।
2. लगातार 7 बुधवार 400 ग्राम धनिया चलते पानी में बहायें।
3. राहु स्थित भाव राशि स्वामी के वार के दिन 4 बार तीर्थ स्नान करें।
4. मकान की सीढ़ियों के नीचे रसोई घर न बनायें।
5. शुभ राहु से ससुराल धनी होती है।
6. घर को साफ-सुथरा रखें।

पंचम भाव

1. संतान सुख के लिये घर का दहलीज के नीचे चाँदी का सिक्का या चौकोर पतरा दबायें।
2. शनिवार के दिन पीपल की जड़ में घी का दीपक जलायें।
3. विद्या में व्यवधान होने पर हर बुधवार सरस्वती स्तोत्र का पाठ करें।
4. तामसिक भोजन यथा शराब, मांस, अण्डे न खायें।
5. शनिवार के दिन गाय को रोटी में मीठे चावल रखकर खिलायें।
6. राहु साथ गुरु होने पर पिता या संतान को कष्ट की स्थिति में धर्मस्थान में गुरु की पीली वस्तुएँ दान करें और वृद्ध पुजारी का आशीर्वाद लें।

षष्ठ भाव

1. माँ सरस्वती की मूर्ति/प्रतिमा के आगे लगातार 6 दिन नीले पुष्प चढ़ायें।
2. राहु, सूर्य युति होने पर देवी माँ की मूर्ति/प्रतिमा के आगे लगातार 43 दिन नीले पुष्प चढ़ायें।
3. काला या भूरा कुत्ता पाले या काले या भूरे कुत्ते को दूध, ब्रैड खिलायें।
4. अपनी जेब/पाकेट में सिक्का धातु की 6 गोलियाँ सदैव रखे।
5. भाई-बहन-स्त्री के साथ मधुर सम्बन्ध बनाये रखे।
6. मुकदमे का कष्ट हो तो हर शनिवार 6 लौंग जलाकर राख चलते पानी में बहाये व साथ मे तीसरा उपाय भी अपनाये।

सप्तम भाव

1. स्त्री को कष्ट के कारण दाम्पत्य सुख के अभाव की स्थिति में चाँदी की ईंट घर में रखें।
2. कन्यादान के समय कन्या का पिता चाँदी की ईंट या चाँदी की गणपति की मूर्ति अपने दामाद को दें।
3. ससुराल पक्ष के किसी भी सदस्य के साथ व्यापार की साझेदारी न करें।
4. सुखी दाम्पत्य जीवन हेतु टिन/स्टील ड़िब्बे में गंगाजल भर, चाँदी का चौकोर टुकड़ा रख, ढ़क्कन पर झाल लगा दक्षिण-पूर्व दिशा में रख दें।

5. शनिवार के दिन चलते पानी में नारियल बहायें।
6. तामसिक भोजन यथा शराब, मांस, अण्डे न खायें।

अष्टम भाव

1. जातक अंध विद्यालय या कुष्ठाश्रम में 8 व्यक्तियों को खीर या हलुवा खिलायें।
2. चाँदी का एक चौकोर टुकड़ा सदैव अपने पाकेट में रखें।
3. अष्टम राहु के अनिष्ट प्रभाव के बचाव हेतु 8 शनिवार श्री भैरव जी के मन्दिर में प्रसाद चढ़ाये व तेल का दीपक जलायें।
4. अपने जन्मदिन के 4 मास पूर्व से मन्दिर में 8 बादाम चढ़ायें, 4 वापिस लाये, एकत्रित बादामों को जन्म दिन पर बहते जल में बहायें।
5. बेईमानी से धनार्जन न करें।
6. काले/नीले रुमाल में नारियल बाँधकर चलते पानी में बहायें।

नवम भाव

1. प्रतिदिन केसर या चन्दन का तिलक लगायें।
2. धर्म स्थान में निरन्तर 43 दिन लड्डुओं का भोग लगायें।
3. गले में सोने की चैन पहनें।
4. सिर में चोटी रखना या टोपी/पगड़ी पहनना शुभ रहता है।
5. अपने परिवार व ससुराल वालों से मधुर सम्बन्ध बनाये रखें।
6. संतान सुख के लिये कुत्ता पालें।

दशम भाव

1. जातक अंध विद्यालय या कुष्ठाश्रम में 10 व्यक्तियों को मीठा भोजन खीर या हलुवा खिलायें।
2. काले/नीले वस्त्र न पहने।
3. देशी खंड़ 400 ग्राम व मसर की दाल 400 ग्राम मन्दिर में दान करें।
4. अपने जन्मदिन पर 400 या 4000 ग्राम चीनी धर्मस्थान में दान करें।
5. मंगलवार के दिन 400 ग्राम मसर की दाल चलते पानी में बहायें।
6. तामसिक भोजन यथा शराब, मांस, अण्डे न खाये।

एकादश भाव

1. काले/नीले वस्त्र न पहने।
2. इलैट्रोनिक्स का सामान किसी से भी दान में न लें।
3. मस्तक पर केसर का तिलक लगाये और गले में सोने की चैन पहनें।
4. तीर्थ स्थान में जाकर सुपात्र को यथासंभव दान करे।
5. पिता, बड़े भाई, साधु और ब्राह्मण की सेवा करें और उनका आशीर्वाद लें।

6. खान-पान के समय चाँदी की कटोरी व गिलास का प्रयोग शुभ रहता है।

द्वादश भाव

1. लाल कपड़े की थैली में सौंफ भरकर व उसे सीलकर सिरहाने के नीचे रखें।
2. रसोईघर में नीचे फर्श पर आसन बिछा पूर्वाभिमुख बैठ खाना खाना शुभ रहता है।
3. शुक्ल पक्ष के गुरुवार को गले में पीले धागे में चाँदी का चौकोर टुकड़ा पिरोकर पहनने से अच्छा रहता है।
4. अष्टमी के दिन पीत वस्त्र धारण कर दुर्गा मन्दिर में कन्या पूजन करे और उन्हें लड्डू बाँटें।
5. पक्षियों को ज्वार/बाजरा डालें।
6. तामसिक भोजन यथा शराब, मांस, अण्डे न खायें।

अशुभ/अनिष्ट केतु के उपाय

केतु को नैसर्गिक रुप से गुरु की द्वादश राशि मीन व द्वादश भाव का स्वामी कहा गया है तथा तृतीय, षष्ठ, एकादश व द्वादश भाव का कारक माना है। यह एक पापग्रह है। सूर्य, मंगल, राहु तथा शनि पापग्रहों की युति/दृष्टि से जब यह निर्बल व पीड़ित होता है तो लाल किताब के निम्नलिखित उपाय/टोटके केतु को सबल व सशक्त करने में महत्त्वपूर्ण भूमिका निभाते हैं। इससे जातक को शान्ति मिलती है और केतु सम्बन्धी कष्ट दूर होते हैं – जैसे हृदयरोग, नेत्र रोग, पैरों व टखनों में सूजन, आंत विकार, पैरों में पसीना आदि। प्रभावित अंगो में दोनों पैर, एड़ी, पंजा, तलुवे प्रमुख हैं।

प्रथम भाव

1. लाल रंग की लोहे की ठोस गोली सदैव अपने पास रखे।
2. स्वास्थ्य लाभ के लिये मस्तक पर केसर का तिलक लगाये।
3. धर्मस्थान पर किसी अपाहिज को काला-श्वेत कम्बल दान करे।
4. जातक अंध विद्यालय या कुष्ठाश्रम में कम से कम 5 व्यक्त्यिों को खीर या हलुवा खिलायें।
5. प्रत्येक मंगलवार को श्री गणेश जी को 11 लड्डुओं का भोग लगायें।
6. सच्चरित्रता का पालन करे और तामसिक भोजन यथा शराब, मांस, अण्डे न खायें।

द्वितीय भाव

1. प्रत्येक रविवार/मंगलवार को श्री गणेश जी पूजा करे, बीज मन्त्र **"ॐ गं गणपतये नमः"** का जप करें और लड्डुओं का भोग लगायें।
2. गुरुवार के दिन मन्दिर में चने की दाल, बेसन के लड्डू, केले, पपीता, पीत वस्त्र दान करें।

3. सच्चरित्रता का पालन करे और तामसिक भोजन यथा शराब, मांस, अण्डे न खाये।
4. प्रतिदिन मस्तक पर केसर या हल्दी का तिलक लगाये।
5. रविवार को कुत्तों को दूध व चपाती खिलाये।
6. अपाहिजों/अनाश्रितों को सात्विक भोजन कराये।

तृतीय भाव

1. लगातार 5 रविवार गेहूँ, गुड़, चावल, दूध, चने की दाल बहते जल में बहायें।
2. धन-धान्य की वृद्धि हेतु गले में सोने की चैन पहनें।
3. जातक अपने भाई-बहन की सेवा करें और उन्हें प्रसन्न रखें।
4. चर्म रोग पीड़ा हो तो गुरुवार के दिन चने की दाल, बेसन की बर्फी, केसर, हल्दी धर्मस्थान में दान करें।
5. प्रतिदिन मस्तक पर केसर या हल्दी का तिलक लगाये।
6. मंगलवार के दिन थोड़ी मात्र में गेंहूँ, गुड़, चावल चलते जल में बहाये।

चतुर्थ भाव

1. घर की सुख-शान्ति के लिये पूर्णमासी की रात चाँदी की चैन में चाँदी का गोल सिक्का पिरोकर चन्द्र मन्त्र से अभिमंत्रित कर पहने।
2. दूध को सोने की सलाई से बुझाकर पीना लाभकारी रहता है।
3. सुयोग्य एवं विद्वान ब्राह्मण को गुरुवार के दिन चने की दाल, बेसन की बर्फी, पीत वस्त्र दान करे।
4. केतु साथ चन्द्र बैठा हो, जातक पूर्णमासी/चन्द्रग्रहण के दिन चाँदी, चावल, चीनी, तिल, ईमली, लडडू, गर्म कपड़े का दान करें।
5. माता की सेवा करें व आशीर्वाद लें।
6. अपाहिजों/अनाश्रितों को सात्विक भोजन करायें।

पंचम भाव

1. संतान सुख के लिये मन्दिर में गुरुवार के दिन चने की दाल, बेसन की बर्फी, पीत वस्त्र दान करें।
2. श्राद्ध पक्ष में अपने पितरों का श्राद्ध अवश्य करें।
3. तामसिक भोजन यथा शराब, मांस, अण्डे न खायें।
4. प्रतिदिन 43 दिन तक मस्तक पर केसर या हल्दी का तिलक लगायें।
5. चितकबरे कुत्ते को 7 दिन तक दूध रोटी खिलायें।
6. संतान सुख के लिये केतु स्थित भाव राशि स्वामी के वार के दिन चितकबरी गाय को गुड़, खल, चारा खिलायें।

षष्ठ भाव

1. गुरुवार से प्रारम्भ कर 43 दिन तक प्रतिदिन 3 केले मन्दिर में दान करें।
2. बहन, भूआ, दोहते, पोते की सेवा करे।
3. संतान सुख व मानसिक शान्ति के लिये दूध को सोने की सलाई से बुझाकर पीना लाभकारी रहता है।
4. अपाहिजों/अनाश्रितों को सात्विक भोजन कराये।
5. मित्रों/रिश्तेदारों के साथ मधुर सम्बन्ध बनाकर रखें।
6. तामसिक भोजन यथा शराब, मांस, अण्डे न खायें।

सप्तम भाव

1. केतु स्थित भाव राशि स्वामी के वार के दिन काले वस्त्र में सूखा नारियल लपेटकर केतु बीज मन्त्र बोलते हुये बहते जल में बहायें।
2. मंगलवार के दिन लहसुन की एक गट्टी चलते पानी में बहायें।
3. किसी निर्धन पिता की कन्या के विवाह में यथा शक्ति अनाज, वस्त्र, धन दें।
4. धर्मस्थान पर किसी अपाहिज को काला-श्वेत कम्बल दान करें।
5. रविवार के दिन गौशाला में हरा चारा व मीठी चपातियाँ दान करें।
6. उड़द की दाल मिश्रित आटे की चपातियाँ कुत्तों को खिलायें।

अष्टम भाव

1. मंगलवार के दिन श्री गणेश जी का पूजन करे, लड्डुओं का भोग लगाये और प्रसाद बाँटें।
2. गुरुवार के दिन मन्दिर में भगवान विष्णु को पुष्पहार चढ़ाये और चने की दाल, बेसन के लड्डू , केले, पपीता, पीत वस्त्र दान करें।
3. गौशाला में रंग बिरंगी गायों को खल-बिनौला, हरा चारा व मीठी चपातियाँ दान करें।
4. तामसिक भोजन यथा शराब, मांस, अण्डे न खायें।
5. जातक अंध विद्यालय या कुष्ठाश्रम में 8 व्यक्तियों को खीर या हलुवा खिलाये और वस्त्र बाँटें।
6. सच्चरित्रता का पालन करें।

नवम भाव

1. मंगलवार के दिन श्री गणेश जी का पूजन करें, लड्डुओं का प्रसाद चढ़ायें।
2. सुई कुतिया को दूध पिलायें।
3. सोने का चौकोर पतरा केसर का तिलक लगा मन्दिर में दान करें।
4. माता-पिता, कुलपुरोहित, ब्राह्मणों का आदर सत्कार करें और उनका आशीर्वाद लें।

5. काला कुत्ता पाले और उसे दूध, ब्रैड खिलायें।
6. शारीरिक कष्ट व जोड़ों के दर्द के लिये सोने का आभूषण पहनें।

दशम भाव

1. एक-एक मुट्ठी काले और सफेद तिल काले वस्त्र में लपेट कर बहते जल में प्रवाहित करें।
2. संतान कष्ट होने पर जातक 42 वर्ष की आयु में चाँदी या मिट्टी के दो पात्रों में शहद भरकर एक आलमारी में रख ले व दूसरा वीराने में दबा दें।
3. जातक 48 वर्ष आयु उपरान्त कुत्ता पालें।
4. जातक 48 वर्ष आयु के बाद अपना मकान बनायें।
5. मंगलवार के दिन देशी खांड़, सौंफ, मूँगा आदि का दान करें।
6. सच्चरित्रता का पालन करें।

एकादश भाव

1. पुत्र संतान के लिये गर्म सोने की सलाई से दूध बुझाकर पीयें।
2. घर में काला कुत्ता पाले और उसे दूध, ब्रैड खिलायें।
3. गौशाला में गायों की सेवा करें और उन्हें खल-बिनौला, हरा चारा व मीठी चपातियाँ खिलायें।
4. सोने की अँगूठी में पीत पुखराज जड़वाकर धारण करें।
5. तामसिक भोजन यथा शराब, मांस, अण्डे न खायें।
6. सदाचार का पालन करे और मिष्ठभाषी बनें।

द्वादश भाव

1. श्री गणेश जी पूजा करना, बीज मन्त्र "ॐ गं गणपतये नमः" का जप करना व श्री गणेश चतुर्थी का व्रत रखना शुभ रहता है।
2. घर में काला कुत्ता पालें और उसे दूध, चपाती खिलायें।
3. बहन, भूआ, दोहते, पोते की सेवा करें।
4. अन्ध विद्यालय/कुष्ठाश्रम/अनाथाश्रम/वृद्धाश्रम में सतनाजा दान करना।
5. आयु के 43 वर्ष पूरा होने पर ही मकान बनायें।
6. तामसिक भोजन यथा शराब, मांस, अण्ड़े न खायें।

विशेष नोट : जातक की जन्मकुण्डली के द्वादश भावों में समस्त नवग्रहों के अनिष्ट होने पर क्या-क्या उपाय/टोटके किये जाये, उनका इस अध्याय में विस्तार से उल्लेख किया गया है। प्रत्येक ग्रह के समस्त द्वादश भावों के 6-6 उपाय सुझाये गये हैं। संक्षिप्त रुप में इन उपायों के निम्नलिखित तथ्य सामने आते हैं।

1. ग्रह सम्बन्धी धातु आदि जैसे ताम्बे का सिक्का, चाँदी का चौकोर पतरा, नारियल आदि को बहते जल में बहाना अर्थात् अनिष्ट ग्रह के कष्ट या समस्या को स्वयं से दूर ले जाना/भगाना है।

2. अनिष्ट ग्रह से सम्बन्धित वस्तु गेहूँ, गुड़, चावल, फल, वस्त्र आदि का धर्म स्थान/अन्ध विद्यालय/कुष्ठाश्रम/अनाथाश्रम में दान करना अर्थात् कष्ट को अपने स्थान से हटाना है।

3. माता-पिता, बुजुर्गों, बड़े भाईयों-बहनों, विद्वान ब्राह्मणों आदि का आदर सत्कार करना और उनका आशीर्वाद लेना अर्थात् सेवा भावना, श्रद्धा, प्यार आदि से कष्ट मिटाना है।

4. सदाचार का पालन करना, मिष्ठभाषी होना व तामसिक भोजन न करना अर्थात् इन सभी शुभ कार्यों को अपनाकर ग्रह पीड़ा से मुक्ति पाना है।

5. बहुत सी सामान्य वस्तुओं को उचित स्थान पर रखना जैसे गंगाजल आदि अर्थात् परेशानी व पीड़ा को अपने से दूर रखना है।

6. पूजा-पाठ करना, ग्रह मन्त्र जपना, हवन आदि करना/कराना अर्थात् ईश्वर में आस्था रखने से भी ग्रह पीड़ा शान्त होती है।

7. चौपायों को यथा गौमाता को हरा चारा, खल, बिनौला खिलाकर सेवा करना एवं घर में कुत्ता पालना आदि अन्य उपाय हैं।

🐘🐘🐘

अन्त में....

हम आशा करते हैं कि प्रस्तुत पुस्तक में आपके अनिष्ट ग्रह सम्बन्धी सम्पूर्ण जिज्ञासाओं का समाधान हो गया होगा। अपनी अन्य जिज्ञासाओं के समाधान हेतु आप हमारे यहाँ से प्रकाशित कोई दूसरी पुस्तक लेकर अपने ज्ञान में वृद्धि कर सकते हैं।

आत्म–विकास/व्यक्तित्व विकास

Also Available
in Hindi

Also Available
in Hindi

Also Available
in Kannada, Tamil

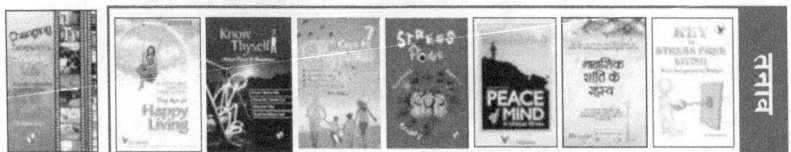

Also Available
in Kannada

Also Available
in Kannada

हमारी सभी पुस्तकें www.vspublishers.com पर उपलब्ध हैं

धर्म एवं आध्यात्मिकताज्योतिष/हस्तरेखा/वास्तु/सम्मोहन शास्त्र

कैरियर एण्ड बिजनेस मैनेजमेंट

Also Available
in Hindi, Kannada

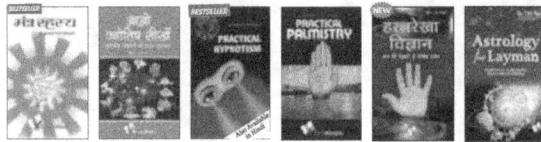

Also Available
in Hindi, Kannada

Also Available in Kannada

www.ingramcontent.com/pod-product-compliance
Lightning Source LLC
LaVergne TN
LVHW051809080426
835513LV00017B/1877